AF283040

¡Ssssssshhhhhhhhhhh!

Haz del teatro algo íntimo

Llévalo siempre en el bolsillo

Cubierta y diseño editorial: Éride, Diseño Gráfico
Dirección editorial: ángel jiménez

Primera edición: marzo, 2024

La tostadora o un lugar llamado Cornualles
© Enrique Coperías
© Cristina García-Tornel
© VdB, 2023
Espronceda, 5
28003 Madrid

VdB

ISBN: 978-84-19850-41-6
Depósito Legal: M-11353-2024
Diseño y preimpresión: Éride, Diseño Gráfico

 Este libro protege el entorno

la tostadora
o
un lugar llamado Cornualles

Cristina García-Tornel (Barcelona, 1975)
Filóloga alemana, escritora y especialista en divulgación de la ciencia con más de veinte años de experiencia. Entre 2007 y 2021, trabajó en la edición impresa de la revista *Muy Interesante* como traductora de alemán, correctora de estilo de todos sus contenidos y redactora *freelance*. Ha traducido obras literarias, caso de *Rehenes*, de Stefan Heym, y *El Quijote de los océanos*, de Jakob Wassermann. Es autora del libro *Compendio general e innecesario de cosas que nunca pensó que le fueran a importar* (2013, Debate) y coautora de la novela *Diario de una nazi* (2021, Ediciones B).

En la actualidad es codirectora de RexMolón Producciones y miembro de la junta directiva de la asociación Elemento21. Laboratorio de Investigación y Divulgación Científica en Español.

Enrique Coperías (Tübingen, 1963)
Periodista científico, escritor y divulgador de ciencia y tecnología en prensa, radio y televisión. Empezó su andadura periodística en la revista *Muy Interesante* como redactor en 1989. En 2004 fue nombrado subdirector; y en 2015, director, hasta su marcha en 2022. Desde entonces es presidente de Elemento21, y desde 2023, codirector de RexMolón Producciones. Es coautor de la novela *Diario de una nazi* (Ediciones B) y coordinador de los libros *El cerebro. Así funciona nuestra asombrosa máquina de pensar* (Pinolia) y *El origen de la humanidad* (Pinolia). Colabora con la revista *Rísbel* y otros medios de comunicación.

Es profesor invitado en másteres de periodismo científico y ha recibido una veintena de premios de periodismo, como el Prisma de la Casa de las Ciencias de la Coruña (1999) y el Boehringer Ingelheim al Periodismo en Medicina (1989).

ENRIQUE COPERÍAS
CRISTINA GARCÍA-TORNEL

la tostadora
o
un lugar llamado Cornualles

A Manuela y Enrique,
que inspiraron esta historia.

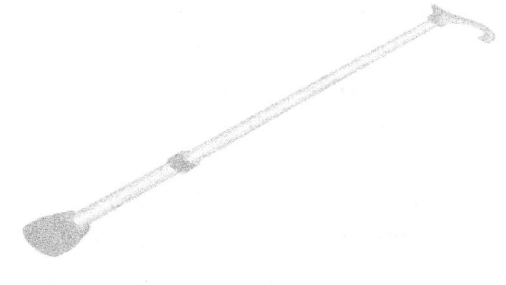

Agradecimientos

La idea de escribir esta historia nació en el verano de 2022 durante una velada con nuestros queridos amigos Mónica Surdo y Manuel Monges. Esa noche, cavilamos largo y tendido hasta altas horas de la madrugada sobre la dignidad en la vejez y el problema social de la demencia. A ellos debemos la chispa de la que surgieron Chema, Carmen, Gabi y Jaime.

Nuestro colega Esteban Hirschhorn, actor y director de escena, nos animó a no desistir en el empeño y aportó valiosas sugerencias al primer manuscrito, tan largo que difícilmente podría llegar a representarse. Gracias, Esteban.

También queremos dedicar una mención especial a Marta González de Vega y Lola Villajos, cuya honda amistad y sabios consejos permitieron que esta obra viera la luz.

La aventura nos condujo finalmente a Ángel Jiménez, fundador de Éride Ediciones, quien nos cautivó con su personalidad y pasión por el teatro. Ángel tuvo la paciencia de leer la primera versión y poner a nuestra disposición sus conocimientos dramatúrgicos y su excelencia como editor. Sin su ayuda el resultado de *La tostadora o un lugar llamado Cornualles* no sería lo que es. Le estaremos eternamente agradecidos por apostar por nosotros.

Personajes

Los Menéndez:
GABRIELA (79 años)
JAIME (84 años)

Los García:
CARMEN (81 años)
CHEMA (82 años)

SERAFÍN (36 años)   conserje del edificio.
ANTONIA (67 años)   vecina.

Acto primero
Escena primera

A lo largo de la obra, el escenario siempre es el mismo: piso burgués de estilo moderno y vanguardista en un barrio de cualquier ciudad española. Una sala de estar con una mesa de centro y un sofá. Un mueble bajo y alargado se sitúa en paralelo al escenario. Sobre él reposan un teléfono antiguo de color negro y un móvil en su cargador. La puerta de entrada a la vivienda da al rellano de las escaleras (no visible). En el proscenio, dos grandes ventanales abiertos. A la derecha, una cocina americana, con una mesa rectangular y cuatro sillas, y una ventana entornada sobre el fregadero. Al foro, otras dos puertas: la que da acceso al dormitorio de los García y la de los Menéndez. Entre ellas, un reloj analógico de pared grande, que señala las ocho y media, rompe el silencio con un tictac suave. Debajo, cuelgan una pizarra magnética en la que aparece escrito en rojo «Hoy martes: braintraining y tarde de cine. Mañana miércoles: visita a Nines y Alberto» y, a su izquierda, un calendario de 2019 abierto en el mes de julio, cuyos días están tachados hasta el martes 16. Por doquier, montones de papeles, periódicos, libros, cajas apilados de forma ordenada. Aunque todo está limpio y estratégicamente colocado para no dificultar la movilidad de los actores. Al levantarse el telón, una luz tenue se cuela por los ventanales iluminando la escena. Se escuchan los ruidos cotidianos de la ciudad. Entra CARMEN por la puerta principal. Es una mujer mayor, de cabello rubio platino y tez pálida, de andar airoso y figura elegante, a pesar de los años. Lleva la melena recogida con rulos y viste un camisón de raso y unas zapatillas con pompones. Entre sus brazos trae una torre de unas quince revistas y cuatro periódicos. Cierra la puerta con un golpe de cadera y deposita la carga sobre el sofá. Segundos después sale por la puerta segunda GA-BRIELA, una mujer algo más joven que CARMEN. En la punta de su nariz descansan unas gafas de pasta Gucci. Su cabello gris y corto está revuelto. Lleva un pijama estampado bajo un kimono por cuyo aspecto ajado se advierte que tiene algunos años. Se aprecia a simple vista que es infinitamente menos coqueta que CARMEN.

GABRIELA   Buenos días, Carmen. ¿Qué tal habéis dormido? Nosotros hemos pasado una sofoquina de aúpa.

(Se detiene frente a la pizarra y bosteza.)

CARMEN   (Abanicándose con una de las revistas que ha cogido del montón.) ¿Me lo dices o me lo cuentas?

GABRIELA   (Escribiendo en la pizarra.) Hoy miércoles, visita a Nines y Alberto. (Tachando el día miércoles 17 en el calendario con el rotulador que pende de un cordel a un lado de la pizarra. Al volverse,

*descubre el paquete de revistas sobre el sofá y se
indigna.*) ¿Y esas revistuchas?

GABRIELA   Ayer las del Carrefour y hoy las del ALDI.
¡Coño, Carmen, basta ya de meter más mierda en casa!

CARMEN   ¡Dame un respiro, doña erre que erre, acabo
de subir a toda prisa cargada con ellas!

GABRIELA   Te doy por perdida. Ahora bajas al portal semidesnuda para rapiñar unos panfletos de publicidad.

CARMEN   Déjame en paz. No entiendes nada de activismo social.

GABRIELA   ¡Habló la Greta Thunberg del pijoterío! La que
pretende salvar a la humanidad de unos folletos publicitarios capitalistas que nos comen el
coco para vaciarnos los bolsillos. (*Ve los periódicos.*) ¿Y esto? ¡Es el colmo, también has
arramplado con los periódicos de los vecinos!

CARMEN   ¿A estas birrias llamas tú periódicos? El periodismo está muerto, querida.

(*Los coge, abre una caja de donde saca un sonajero, los mete en ella y devuelve este a su sitio.*)

GABRIELA   Ahora, además de conocernos como los viejos chiflados del entresuelo, nos tildarán de
ladrones.

CARMEN   ¿Ladrones? Técnicamente es una confiscación. Además, nadie me ha visto.

GABRIELA   Eso cuéntaselo a Serafín, que sabe de qué pie cojeas. En cuanto un vecino baje a reclamarle su diario, se planta aquí.

CARMEN   ¿Serafín? A mí plin. A propósito del conserje, casi olvido contarte una exclusiva vecinal. En el portal, me he topado con Laura.

GABRIELA   ¿Laura? ¿No acabas de decir que no te ha visto nadie?

CARMEN   Bueno, solo me han visto un poquitín. Anda, ven, siéntate, verás cómo dejas de refunfuñar cuando te cuente lo que me ha pasado.

    (CARMEN y GABRIELA *toman asiento en el sofá. Entra en escena por la derecha* CHEMA, *recién aseado y vestido con un pantalón vaquero y un polo blanco. Se trata de un hombre anciano, ligeramente encorvado, que arrastra los pies al caminar. Va a la cocina, con cara de pocos amigos, sin prestar atención a las dos mujeres.*)

GABRIELA   (*Alzando la voz.*) Buenos días, Chema.

CHEMA   Lo serán en Pernambuco. Aquí hace un calor de huevos. (*Se queda mirando la mesa del desayuno.*) ¿El pan está sin tostar?

CARMEN   (*Alzando la voz, con cariño.*) Le termino de contar una cosa a Gabi y enseguida estoy contigo, malas pulgas.

CHEMA   (*Mirando hacia el frigorífico. Alterado.*) ¿Y mi billete de lotería?

CARMEN   (*Poniendo los ojos en blanco. De nuevo, alzando la voz.*) Ya lo buscamos ayer por todas partes. Tuviste que perderlo de camino a casa.

CHEMA   (*Señalando un punto en la puerta del frigorífico.*) ¡Lo puse aquí, como siempre, sujeto con el imán de Mahou!

    (*Se pone a buscar como un poseso por la cocina, abriendo armarios y cajones.* CARMEN *y* GABRIELA *lo ignoran y retoman la conversación.*)

GABRIELA   Cuéntame. Me intriga lo de Laura.

CARMEN   ¡Acaba de abandonar a Serafín!

GABRIELA   ¿Que Laura ha roto con Serafín?

CARMEN   No, ha huido.

GABRIELA   ¿Te lo ha contado ella?

CARMEN   Claro que no. Cómo iba ella a confiarme algo así, si apenas nos tratamos. Ella es tan…, como te diría, sí, tan reservada; y yo tan…

GABRIELA   Sí, tú tan simpática como la Carmen Machi. ¡Al grano!

CARMEN   Pues eso, que Laura por poco me pilla pelando el pescado. Estaba yo confiscando los periódicos cuando ella salió de la portería, sigilosa como una gata. Arrastraba una maleta gigantesca. Suerte que tenía ruedas y...

GABRIELA   ¡Al grano, leches! Laura salió de su casa con su maletón y qué.

CARMEN   Pues que se podía mascar la tensión en el ambiente. Laura, temiendo ser descubierta por su esposo, y yo, temiendo ser descubierta por ella…

CHEMA   (*Enojado.*) ¿No me vais a ayudar?

            (*Va al salón para seguir buscando entre los papeles y cajas.*)

CARMEN
/GABRIELA   ¡No!

CHEMA   ¡Qué desconsideradas! (*Consultando el calendario.*) Pasado mañana me convertiré en un hombre rico. Y ahí os quedaréis, ¡con la muerte pisándoos los talones!

            (*Sigue buscando. Ambas mujeres lo ignoran.*)

CARMEN   Todo ocurrió en un pispás. Laura salió hacia la calle, me vio y apartó rápido la vista. Un Uber la esperaba fuera. Se montó y se esfumó.

GABRIELA Vaya.

CHEMA   Eso, vaya crónica más chorra.

CARMEN   Zapatero a tus zapatos. ¿No estabas buscando tu dichoso boleto?

          (CHEMA *se aturulla por un momento con el comentario, no parece recordar a qué se refiere su esposa, hace ademán de querer retomar lo que estaba haciendo y que ya no recuerda, pero finalmente toma asiento junto a ellas.*)

GABRIELA (*Pensando en voz alta.*) Claro, Laura ha aprovechado que Serafín está ahora fregoteando la escalera.

CHEMA   ¿Serafín?

GABRIELA El conserje, Chema; el marido de Laura.

CHEMA   Ese no pega ni chapa.

GABRIELA Qué mujer más desdichada. Ha hecho bien en irse. Desde que Jaime presenció la brutal paliza, temo a ese hombre más que a un nublado.

CHEMA   ¿Paliza? Ese no pega ni con cola.

CARMEN   El miércoles pasado, ¿recuerdas, amor? Jaime
                bajó a la portería porque dijo haber escucha-
                do un horrible grito de mujer.

CHEMA   (*Ofendido.*) Cómo lo voy a olvidar. Jaime
                bajó poniendo el turbo a su bastón.

GABRIELA   Eso es. Y se topó con Serafín abofeteando a Lau-
                ra por llegar tarde de estar con sus amigas.

CHEMA   Qué oído tiene Jaime. Fino como el de una
                polilla.

CARMEN   Cuando Laura ha pasado por mi lado, le he vis-
                to bajo las gafas de sol un moretón en un ojo.

GABRIELA   ¡Ay! Y cuando Serafín se percate de su marcha,
                le pondrá el otro ojo a la virulé.

CHEMA   ¡Voy a llamar a la policía!

CARMEN   ¡Quieto parado y el pico cerrado! Serafín ame-
                nazó a Jaime con borrarnos del mapa a los cua-
                tro si le contaba a alguien lo que había visto.

CHEMA   (*Pensativo, recordando.*) Eso le dijo el mama-
                rracho.

                (*Suena el timbre. Los tres se vuelven hacia el te-
                lefonillo que hay junto a la puerta.*)

GABRIELA   ¿Quién será tan temprano?

CHEMA   Yisel.

GABRIELA   Yisel tiene llaves.

CARMEN   ¿Y si es Laura?

GABRIELA   ¿Laura? No digas sandeces, ¿por qué iba a lla-
             mar a nuestra puerta? ¿Para pedirte un catá-
             logo del ALDI?

CARMEN   ¿Por qué no? Jaime evitó que Serafín se ensa-
             ñara con ella. Quizá necesite auxilio.

             (*Suena de nuevo el telefonillo, y acude* CHEMA.
             Entra por la puerta segunda JAIME, *con un pija-
             ma clásico a rayas y con el cabello encrespado.
             Lleva una toalla de manos colgando del hombro.
             Es un anciano alto y delgado, de aire distingui-
             do. Su semblante serio infunde respeto. Camina
             despacio, dando pasos cortos, con ayuda de un
             bastón. Se detiene delante del reloj de pared y lo
             mira.*)

CHEMA   ¿Quién es? (*Escucha. Pausa*). No contestan.

             (*Cuelga. Suena de nuevo el telefonillo.*)

GABRIELA   (*Acude.*) Déjame a mí. ¿Llevas puestos los au-
             dífonos?

CHEMA   ¿Qué?

GABRIELA   (*Ignora a* CHEMA, *le coge el auricular de las manos.*) ¿Sí? ¿Diga? (*Escucha. A los demás.*) Un paquete de Amazon.

JAIME   (*Cubriendo el reloj de pared con la toalla.*) ¿De Amazon? Pues yo no he encargado nada.

(*Se produce una pausa. Las mujeres miran a* CHEMA.)

CHEMA   Qué miráis. ¡Yo tampoco, leches!

JAIME   (*A* GABRIELA, *yendo a la cocina.*) Cuelga, es un estafador. Viene a liarnos con uno de esos timos de internet. El otro día en la Sexta dijeron…

GABRIELA   ¡Calla, Ferreras! (*Al auricular.*) Lo siento, se ha equivocado, no hemos pedido nada.

(*Cuelga el telefonillo.*)

CARMEN   (*A* CHEMA.) ¿Seguro que no has comprado nada?

CHEMA   (*Molesto.*) ¡Pues claro, no necesito nada! (*A* JAIME.) ¿Verdad que no necesito nada?

JAIME   (*Poniendo la mesa.*) Nada. Solo una cabeza nueva. Venga, a desayunar, ¡me he despertado con un hambre feroz! (*Los demás asienten y van a la cocina sin prisa, salvo* GABRIELA, *que se entretiene en descolgar la toalla del reloj. La lleva al*

baño, saliendo por la derecha, luego regresa. Jaime *deteniéndose en seco, grita.*) ¡Nos han robado los panecillos!

CARMEN   (*Con ligera guasa bañada de ternura.*) Qué me
dices, ¿otra vez?

JAIME   ¡Otra vez! ¡Esas dos! ¡Yisel y Marta!

CARMEN   (*Abriendo un armario.*) Mira, aquí los tienes,
tiernos. Nos los trajo ayer Rosa.

GABRIELA   (*Ayudando a* CARMEN *con el desayuno.*) Cariño,
piénsalo bien, no tiene ningún sentido que Yi-
sel y Marta, que viven en la Conchinchina, que-
den en medio de la noche para hurtarnos unas
barritas de pan.

    (JAIME *refunfuña algo para sí. Solo se le entien-
de «robapanes».*)

CHEMA   ¿Dónde están esas tostadas?

CARMEN   ¡Paciencia, mi querido picatoste!

    (*Suena el timbre de la puerta. Se miran extraña-
dos.*)

JAIME   ¿Otra vez? Esto no me gusta.

GABRIELA   Jaime, haz el favor de no contagiarme tus mie-
dos absurdos.

CHEMA   Si creen estos estafadores de ancianos que van a poder con nosotros, están apañados.

CARMEN   Ya está bien. Así no se puede vivir. ¡Qué maridos más paranoicos!

CHEMA   ¡Chist, silencio! ¡No estamos!

JAIME   (*Levantándose, a voz en grito.*) ¡Sinvergüenzas! ¡Sabemos de qué va vuestro juego! (*Amenazando en el aire con el bastón.*) ¡Estamos armados hasta los dientes!

SERAFÍN   (*Voz en off.*) ¡Don Jaime! ¡Soy yo! ¡Serafín!

CARMEN   (*Abochornada.*) ¡Válgame Dios, Serafín! (*Dirigiéndose a la puerta.*) ¿Era usted el que llamaba?

JAIME   (*Yendo hacia la puerta.*) No abras, insensata, es un tipo violento.

SERAFÍN   (*Voz en off.*) Solo traigo un paquete para ustedes... ¡de Amazon!

CHEMA   (*A voz en grito.*) ¡Miente!

SERAFÍN   (*Voz en off.*) Serénense, lo dejo sobre el felpudo y lo recogen cuando lo consideren conveniente.

JAIME   ¡Ni se le ocurra dejarlo ahí!

CARMEN   Claro que sí, Jaime. (*A* SERAFÍN, *a través de la puerta.*) Déjelo ahí y yo misma lo recojo cuando esté visible.

             (*Hace un guiño de complicidad a sus compañeros.*)

JAIME   ¡Es una bomba! ¿No entendéis que nos quiere liquidar a todos? ¡Por lo de Laura!

CARMEN   ¡Bobadas! (*Susurra a* JAIME.) No le hemos chivado nada a nadie.

SERAFÍN   (*Voz en off.*) ¡Don Jaime, le he oído! Por el respeto que le tengo no voy a contestarle. Aquí les dejo el paquete. No entiendo por qué no han abierto al repartidor. ¡Menudo mosqueo se ha cogido!

CHEMA   (*Gritando.*) Por enésima vez, ¡no hemos comprado nada!

SERAFÍN   (*Voz en off.*) Pues viene a su nombre, don Chema.

CHEMA   (*Yendo hacia donde está* CARMEN, *seguido de* GABRIELA.) ¡Juro por mi vida que no he comprado nada! Esos de Amazon son unos granujas.

             (CARMEN *abre y* SERAFÍN *entra con un paquete mediano entre las manos. Lleva un traje de chaqueta azul oscuro, camisa blanca, desabotonada en el primer botón, y corbata negra aflojada. Delgado.*

En su rostro destaca un bigote chevron que le da un aire a Fredy Mercury.)

CARMEN   Pase, pase.

SERAFÍN   Mejor me quedo aquí. Don Jaime está hoy más alterado que de costumbre.

CARMEN   (*Palpándose el cuello y el pecho.*) No sé dónde he dejado mis gafas. (*Señalando el paquete que* SERAFÍN *sostiene entre las manos.*) Hágame el favor de leer en voz alta el nombre del destinatario, para que lo escuche mi esposo.

SERAFÍN   (*Lee.*) José María García Lozano.

CHEMA   ¡Miente! Aqui no vive nadie que responda ni a José ni a María. ¡Y Lozano! ¡Quién coño querría apellidarse así!

CARMEN   Ya está bien, Chema, nos vas a volver locos con tus compras.

GABRIELA   Abrámoslo y salgamos de dudas. (*A* SERAFÍN.) Démelo, por favor.

JAIME   ¡No lo toques, insensata! Que lo abra él, a ver si tiene arrestos para hacerlo.

    (*Se apresura, hasta donde le permite su limitada movilidad, hacia su mujer.*)

CARMEN   ¡Jaime! ¡Basta ya!

SERAFÍN   Si así se queda tranquilo don Jaime, no me cuesta nada desempaquetarlo.

GABRIELA   Hágalo, se lo pido, para quietud de mi esposo.

CHEMA   ¡Y la mía!

(SERAFÍN *deja el paquete en la mesa de centro y lo abre.* JAIME *da un paso atrás. Silencio y expectación, hasta que el conserje saca el contenido.*)

CARMEN   ¡Una tostadora!

CHEMA
/GABRIELA
/JAIME   (*A la vez, con asombro.*) ¿Una tostadora?

SERAFÍN   Una tostadora.

(*Los cuatro ancianos se miran atónitos.* CARMEN *pide explicaciones con la mirada a* CHEMA.)

CHEMA   Pues claro. La que tenemos está escachifollada.

CARMEN   Tú sí que estás escachifollado. La semana pasada nos enviaron una igualita que esta.

CHEMA   ¿Quién?

CARMEN   Amazon. ¿Y a que no adivinas quién la compró?

CHEMA   ¿Quién?

CARMEN
/GABRIELA   (*A* CHEMA.) ¡Tú!

JAIME   (*Señalando con el bastón a* CHEMA.) ¡Ajajá!

CHEMA   ¿Yo? ¡Mentís! Y con esos de Amazon, cruz y
            raya.

CARMEN   ¿Entiendes ahora por qué nuestra hija quiere
            limitar el saldo de nuestra tarjeta?

CHEMA   ¡Dejad de mirarme como si hubiera desatado
            el apocalipsis! Se devuelve y chimpún.

GABRIELA   Ni chimpún ni narices. Solo Rosa sabe hacer
            la devolución. No hay día que no la abrume-
            mos con un nuevo disparate.

CARMEN   Pobre hija mía, solo le damos quebraderos de
            cabeza.

JAIME   Cómo sois.

SERAFÍN   No se apure, doña Carmen. Pensándolo bien,
            se la compro. Nuestra tostadora a veces tues-
            ta como le viene en gana. Laura se alegrará. Será
            una pequeña sorpresa…

CHEMA   ¡Ja! La sorpresa se la tiene preparada ella a
            usted.

CARMEN   ¡Chema, por el amor de Dios! ¡Cállate!

GABRIELA   (*A* CHEMA *y* JAIME) ¿No teníais tanto apetito? ¿Por qué no os sentáis y empezáis a desayunar?

JAIME   Con este tipo aquí se nos ha quitado el hambre.

(*Mira a* CHEMA, *que asiente con la cabeza.*)

CARMEN   (*A* SERAFÍN.) No se lo tenga en cuenta. Me parece una buena solución que se quede con la tostadora. Llévesela y ya nos pagará.

(SERAFÍN *coge el paquete y va hacia la puerta.*)

CHEMA   (*Exaltándose.*) ¡A dónde cree que va con mi tostadora! ¡Ladronazo!

CARMEN   ¡Chema, por favor, basta!

GABRIELA   ¿Estás segura de que lleva puestos los audífonos?

CARMEN   (*A* CHEMA, *alzando la voz.*) ¡Serafín nos compra la tostadora!

CHEMA   ¿Que la adora? (*Cogiendo a* SERAFÍN *por el brazo.*) ¡Suéltela, rufián! ¡Esa tostadora es mía! ¡Yo la compré en Amazon!

GABRIELA   (*Tratando de apartar a* CHEMA *de* SERAFÍN.) ¡Chema! ¡Calma!

(*Alboroto en torno a* SERAFÍN.)

SERAFÍN   (*Dominándose.*) ¡Está bien, está bien! ¡Quédense con la put… tostadora!

(*Entre el jaleo de manos, brazos y tirones,* SERAFÍN *intenta entregarle la caja a* GABRIELA.)

JAIME   ¡No toque a mi mujer, salvaje!

GABRIELA   ¡Jaime, por Dios!

CHEMA   ¡Quítele las manos de encima, degenerado!

(JAIME *le propina un violento bastonazo en la cabeza a* SERAFÍN *y este se desploma.* CARMEN *lanza un grito de horror.*)

GABRIELA   ¿Te has vuelto loco?

JAIME   ¡Nunca he estado más cuerdo!

CHEMA   Ni tan cavernícola.

JAIME   Solo he protegido a nuestras mujeres.

(CHEMA *se agacha y pone la oreja sobre el pecho de* SERAFÍN.)

CARMEN   Dime que solo está inconsciente.

GABRIELA   Hay que llamar a una ambulancia.

CHEMA   Nada, no se escucha nada, su corazón no late.

CARMEN   ¿Estás seguro? ¿Llevas los audífonos?

CHEMA   Maldita sea, claro que sí, ¿te crees que soy gilipollas?

GABRIELA   Eso significa…

(*Silencio*).

JAIME   (*Preocupado.*) Me lo he cargado.

CHEMA   (*Igual.*) Sí. Menudo varapalo.

(GABRIELA *suspira ruidosamente varias veces y se deja caer en el sofá, haciendo respiraciones profundas.*)

CARMEN   (*Con angustia.*) Dios nos asista, Jaime.

JAIME   (*Igual.*) ¡Yo no quería, él se puso violento y el bastón hizo el resto!

CHEMA   (*Abatido.*) Ya claro, tu garrota está ahora encantada...

CARMEN   (*Yendo hacia uno de los ventanales abiertos.*) Esperemos que el jaleo no haya llegado a la calle. (*Se asoma al balcón y recorre con la mirada la calle.*) ¡Qué le vamos a decir a nuestra hija!

(*Suena el teléfono negro. Todos callan con una interrogación dibujada en el rostro. Finalmente,* CARMEN *se dispone a descolgar.*)

CHEMA   ¡No lo descuelgues, insensata!

CARMEN   ¿Por qué no?

JAIME   Porque es la policía.

GABRIELA   (*Respirando cada vez más fuerte.*) ¿La policía? ¿Cómo puede saber nada?

CARMEN   Jaime, no digas tonterías. ¡Hay que contestar!

   (*Se dispone a descolgar.*)

CHEMA   (*Casi fuera de sí.*) ¡No lo cojas!

JAIME   ¡Es una encerrona!

   (*Nervioso, golpetea el suelo con el bastón.*)

CARMEN   Está bien, está bien, vamos a calmarnos todos.

GABRIELA   ¿¡Cómo, con un cadáver en el salón!?

   (*El teléfono calla y los hombres se tranquilizan.*)

CARMEN   Tienes razón. Debemos hablar con la policía. Diremos la verdad, que Jaime lo golpeó durante una discusión sin intención de descalabrarlo.

CHEMA   Se lo llevarán de todos modos, por violento. Y lo empapelarán.

   (GABRIELA *profiere un lamento.*)

CARMEN   Hay que confiar en la justicia. Sería un atropello que lo condenaran.

JAIME   ¡Sí, una tropelía, dado que la culpa es vuestra!

CARMEN   ¿Nuestra?

JAIME   ¡Sí! Tú misma abriste la puerta a Serafín, a sabiendas de que es un agresor.

CHEMA   ¡Tú estás mal de la olla!

JAIME   (*Amenazante.*) ¡Tú, Chema! ¡Tú eres el causante de todo!

CHEMA   ¡Una mierda como una catedral!

JAIME   ¡No te envanezcas! ¡Si no hubieras comprado la maldita tostadora, nada de esto habría ocurrido!

CARMEN   ¡La madre del amor hermoso!

GABRIELA   ¿Y yo? ¿Qué tengo que ver yo con todo esto?

JAIME   Que eres mi mujer.

GABRIELA   ¡Lo seré por poco tiempo como sigas diciendo barbaridades! Por lo que a mí respecta, que te lleven esposado.

CHEMA   ¡Eso, fuera de nuestras vidas, alma de Caín!

JAIME   ¿Por qué? ¿Por qué no me queréis? ¿Porque hago mal las cosas? (*Solloza.*) ¡Sé que he perdido vuestro respeto porque me he vuelto lelo! ¿Qué va a ser de mí? (*Con dramatismo.*) ¡Policía, llevadme preso!

GABRIELA   No digas tonterías, amor. (*Haciéndole una carantoña.*) ¿No ves que si te enchironan nos haces un vacío enorme?

CHEMA   Un vacío de cojones. Sin su pensión, no podremos costearnos este piso y acabaremos viviendo bajo un puente.

CARMEN   ¡Ay, y sin Yisel ni Marta! No permitiré que Rosa apechugue con nosotros, Chema. Y menos que cargue con el estigma de hija de asesinos.

CHEMA   (*Preocupado.*) ¡De aquí no se va nadie!

GABRIELA   (*Entre respiraciones profundas.*) Somos las cuatro piezas de un LEGO que unidas forman una identidad. Sueltas valemos lo que una limosna.

JAIME   (*Con el ánimo recompuesto, al verse apoyado por sus compañeros.*) Recordad pues nuestra promesa. ¡Uno para todos y todos para uno!

CHEMA   ¿Podemos desayunar ya, D'Artagnan? El follón me ha abierto un boquete en el estómago.

JAIME   Me cantan las tripas.

CARMEN   ¿De verdad estáis pensando en comer con Serafín aquí tendido? ¿Y qué pasa con Yisel?

JAIME   ¿Yisel? No conozco a ninguna Yisel.

GABRIELA ¡Cielos! Yisel debería estar aquí hace ya rato.

          (*Se lleva la mano al pecho y se concentra en la respiración.*)

CHEMA   ¡Haya paz, hermanos! Jaime, ven, ayúdame. (*Toma a* SERAFÍN *de un brazo*). Coge a este sinvergüenza por el otro brazo. Lo arrastramos y lo escondemos allí detrás.

          (*Señala el mueble bajo y alargado.*)

JAIME   ¡Manos a la obra!

CARMEN   ¿Eso es todo? ¿Así es cómo pensáis sacarnos de este lío?

GABRIELA Ay, ay. Cuatro viejos y un cadáver. ¿Cuánto tiempo creéis que tardaremos en meter la pata?

CARMEN   Pensándolo bien, Gabi, hagamos lo que dice Chema y evitemos que Yisel se tropiece con él nada más entrar. Luego ya veremos qué hacemos.

          (CARMEN *y* GABRIELA *se unen a sus maridos.*)

JAIME   ¡Todos a la de tres! Uno…

CARMEN   Dos…

GABRIELA   ¡Y tres!

(*Todos tiran de* SERAFÍN.)

CARMEN   Pesa más que un muerto.

GABRIELA   Vaya, qué bien traída esta frase.

JAIME   Pesa porque está lleno de maldad.

CHEMA   El mal nos pesa como el plomo.

JAIME   Plomazo lo serás tú.

GABRIELA   ¡Callad, que se os va la fuerza por la boca!

(*Con esfuerzo, logran dejar a* SERAFÍN *detrás del mueble, a la vista de los espectadores. Se incorporan, con dificultad, quejándose de dolores.*)

CARMEN   ¡Uf! Espero que por culpa de este cachalote no se me haya reventado la hernia discal.

(GABRIELA, CARMEN y JAIME *se quedan mirando a* SERAFÍN. CHEMA *va a la cocina y pone pan a tostar. Acuden todos salvo* CARMEN, *que coge la caja con la tostadora.*)

GABRIELA   Carmen, ¿qué haces? Yisel está al caer. Sentémonos a la mesa como si nada hubiera pasado.

(*Se sienta junto a* JAIME.)

CARMEN   (*Saliendo por la puerta primera.*) Dadme un se-
         gundo, que escondo este trasto.

JAIME   El móvil del delito. Muy lista.

CHEMA   (*Tomando asiento al lado de* JAIME.) Lo es. ¿Por
         qué te crees que me casé con ella? ¡La profe-
         sora más querida del Liceo Francés!

JAIME   Creo que nunca he estado en Francia...

         (CARMEN *regresa con una manta para cubrir a*
         SERAFÍN.)

GABRIELA (*Suspira.*) Ay, Francia. (*Con angustia.*) Qué re-
         cuerdos. Cuando viajábamos por el mundo la
         vida iba sonriendo a nuestro lado.

CARMEN   (*Ocultando a* SERAFÍN *bajo la manta. Con tris-
         teza.*) Éramos libres como trotamundos.

GABRIELA Libres e íntegros.

CARMEN   Cuántas cosas vamos dejando por el camino.

GABRIELA Parecemos sacos con jirones que pierden el
         grano.

JAIME   (*Para sí.*) Vida efímera.

CHEMA   (*Para sí.*) Vida traicionera.

(*El cuerpo de* Serafín *así tapado parece un bulto más de los que acumula* Carmen, *salvo por un despiste: un brazo del conserje ha quedado descubierto, a la vista del público.*)

Gabriela   ¿No oléis a quemado?

(*Tose. El escenario se va llenando de humo procedente de la tostadora.*)

Jaime   Huele a chamusquina.

Carmen   ¡La tostadora!

(*Se dispara el detector de humo y suena una alarma estridente. Todos se llevan las manos a los oídos, excepto* Chema, *que solo se cubre uno de ellos.*)

Chema   ¿No os lo había dicho, descreídos? ¡Está rota!

Oscuro.

Escena segunda

Han pasado apenas un par de minutos. De la tostadora ya no sale humo. La alarma antiincendios sigue sonando y los cuatro protagonistas se disponen a apagarla. Carmen, Chema *y* Jaime, *entre toses, intentan aupar a* Gabriela *sobre una de las sillas, que han arrimado a la pared de la cocina donde está el pequeño aparato esférico, colocado casi a la altura del techo. Pero no resulta sencillo, pues a* Gabriela, *a pesar de ser la más joven de los cuatro, le cuesta subirse a la silla.*

GABRIELA   ¡Con cuidado! (*Con enfado, alzando la voz por encima de la estridente alarma, a* Carmen.) Maldigo el día en que tu hija se llevó la escalera. Todo porque te empeñaste en subirte a ella para descolgar las cortinas.

CHEMA   (*A* Jaime.) Trae pa acá ese palo.

（*Le arranca el bastón a* Jaime, *que pierde el equilibrio por un instante, y con él alcanza a pulsar el botón de apagado del detector de humo. La alarma se detiene.*)

CARMEN   (*Soltando a* Gabriela, *que se tambalea por un instante. A* Chema.) ¡Has estado brillante, amor mío!

(*Le besa la frente.*)

JAIME
¡Brillante como un candil apagado! (*Recuperando su bastón de un tirón.*) ¡Trae pa acá!

GABRIELA
(*Bajándose de la silla.*) ¡No me he partido la cadera de puro milagro!

(*Suena el teléfono negro.*)

JAIME
¡No lo cojas! ¡Es la poli!

CARMEN
¡No empieces! ¡Siéntate! ¡Quiero verte calmado como un koala para cuando entre Yisel! (CHEMA *toma asiento a la mesa y* GABRIELA *abre de par en par la ventana entornada que hay sobre el fregadero.* JAIME, *ansioso por averiguar quien llama, sigue a* CARMEN *hasta el teléfono.* CARMEN *al teléfono.*) ¿Diga?... ¡Rosa, cariño! ¿Eras tú la que llamaba? Perdona que no te lo cogiera antes, Jaime tiene hoy el día del revés, ya sabes... ¿Que estás en el coche? ¿De camino hacia aquí?

JAIME
(*Quitándole el teléfono a* CARMEN. *Al auricular.*) Rosa, deja de perder el tiempo. Nadie ha hecho daño a nadie. ¡Agur!

(*Cuelga el teléfono. Suena el teléfono móvil.*)

CARMEN
(*A* JAIME.) ¡Chist, ni te arrimes! ¡Este teléfono es mío! (*Contesta, poniendo el manos libres.*) Hija, ya está. Te tengo en manos libres porque el móvil se está cargando.

ROSA   (*Voz en off.*) ¡Sí que está hoy flamenco Jaime!

GABRIELA   (*Desde la cocina.*) Y que lo digas, cariño. Por
            lo demás estamos de maravilla... No vengas.

CARMEN   Sí, hija, ve a la oficina. Aquí todo está bajo con-
            trol.

CHEMA   Salvo mis esfínteres.

            (*Sale aprisa por la derecha.*)

JAIME   ¿Bajo control? ¡Si casi tienen que venir los bom-
            beros!

ROSA   (*Voz en off.*) ¿Los bomberos?

CARMEN   Jaime exagera. Solo se nos ha chamuscado una
            tostada porque tu padre ha vuelto a poner la
            tostadora al máximo. (*Sentando a* JAIME *en su
            sitio.*) Quieto aquí, ¡calladito!, que el café vie-
            ne enseguida.

            (*Le coloca la servilleta a modo de babero y se pone
            a hacer café.*)

ROSA   (*Voz en off.*) Si estoy de camino es porque no
            me habéis contestado al teléfono. Y me temo
            siempre lo peor. Solo quería deciros que Yisel
            se ha pasado la noche vomitando por una in-
            digestión y no viene hoy.

JAIME   ¿Quién es Yisel?

GABRIELA   (*Sirviendo las tostadas en los platos de* CHEMA *y* JAIME.) Jopé, Jaime, hoy no das una. Yisel, la cuidadora que viene entre semana.

                (*Coge los cuatro pastilleros que hay sobre la encimera y que llevan una etiqueta grande con sus nombres y pone a cada uno las pastillas que les toca al lado del plato.*)

JAIME   Esa es Marta.

ROSA   (*Voz en off.*) Yisel va de lunes a viernes, y Marta, sábado y domingo.

JAIME   Entonces ¿hoy no vamos a casa de Nines y Alberto?

ROSA   (*Voz en off.*) Sin Yisel, no, cariño. Otro día.

CARMEN   Pues no hay mal que por bien no venga. Aprovecharemos para zanjar algunos asuntos hogareños urgentes.

ROSA   (*Voz en off.*) Vaya, eso sí que es una novedad. ¿Y qué es eso tan importante que tenéis que zanjar?

                (*Regresa* CHEMA, *con una caja de galletas en la que nadie repara.*)

JAIME   Cuanto menos sepas del tema, mejor te irá. (*Muerde una tostada, con gran apetito.*) La policía nos sigue los pasos.

ROSA   (*Voz en off. Alegre.*) Me pregunto qué habréis hecho para tener a la pasma encima.

JAIME   Pregúntaselo mejor a mis vértebras, que están berreando de dolor.

CHEMA   (*Tomando asiento.*) Nos las hemos visto negras para arrastrarlo.

ROSA   (*Voz en off.*) ¿Qué os tengo dicho sobre cargar con peso?

CHEMA   Esta vez nos iba la vida en ello.

ROSA   (*Voz en off.*) ¡Ni que hubierais cargado con un muerto!

JAIME   ¡Justamente!

CARMEN   (*Sirviendo el café.*) ¡Jaime! ¿Para qué queremos nosotros un muerto? (Suelta una carcajada, para disimular.) ¿No tuviste suficiente con la tuna que te visitó ayer de madrugada? ¿Una tuna de chicas con maillots rosas y en toples?

JAIME   (*Recordando, en su imaginación.*) Fue alucinante. La mejor fiesta rondalla desde la universidad...

CHEMA   (*Con la boca llena de tostada.*) ¡Y no me avisaste, egoísta!

GABRIELA   Rosa, son unos payasos... Hemos movido cajas, porque Carmen nos ha propuesto ordenar sus cosas: por fin acepta deshacerse de alguna de ellas.

ROSA   (*Voz en off.*) ¿De verdad? Mamá, eso es fantástico.

CARMEN   Bueno, Gabi exagera un poco. Primero hay que revisar todo y ver con calma qué es lo que realmente no sirve.

(*Le propina una colleja a* GABRIELA, *que esgrime una ligera mueca de dolor.*)

CHEMA   (*A* JAIME.) Tú tienes cinco pastillas, yo solo tres.

ROSA   (*Voz en off.*) Qué bien, mamá, seguro que lo consigues. Ya estoy en la glorieta para volver a la oficina.

GABRIELA   (*Ingiere sus pastillas con el café que le sirve* CARMEN.) Eso, céntrate en tu trabajo y no pierdas el tiempo con nosotros.

ROSA   (*Voz en off.*) La verdad es que voy apuradísima. Mi jefa y yo tenemos hoy una reunión con un par de productoras para sacar adelante la nueva película. Luego os llamo.

CARMEN   Suerte con la reunión, cariño. (*Se corta la comunicación con Rosa. A* CHEMA.) ¿Has tirado de la cadena?

CHEMA   ¡Pues claro! ¡Qué manía con preguntar!

CARMEN   (*Con el dedo índice se golpetea la nariz.*) Si te lo pregunto, amor, no es por fastidiarte.

          (*Sale por la derecha.*)

JAIME   (*Contando sus pastillas.*) La del estómago… la del colesterol… la de la tensión… la del riñón… la de los dolores… mmm… (*Alzando la voz.*) ¡Protesto, me falta una!

CHEMA   (*Golpea con enfado la mesa.*) Yo también protesto. ¡Quiero una que me arregle mi jodida cabeza!

          (*Saca una galleta del paquete y se la mete en la boca. Se escucha el sonido de la cisterna al vaciarse.*)

JAIME   (*Para sí, alzando la taza de café, en ademán de brindar.*) ¡Y a mí la entrepierna, no te fastidia!

          (*Ingiere las pastillas y bebe. Luego, se quita la servilleta del cuello con gesto de haber terminado de desayunar y se levanta para ir a su cuarto.*)

GABRIELA (*Al ver a* CHEMA *engullendo galletas.*) ¡Chema! ¿De dónde han salido estas galletas? (*Le quita el paquete de galletas.*) ¡Llevan azúcar!

CHEMA   Devuélvemelas o…

GABRIELA (*Escondiéndolas en un armario.*) O qué, botarate. Tómate las pastillas y termínate la tostada.

CHEMA   Esto parece un campo de concentración. No bebas esto, no comas aquello…

          (*Se toma a regañadientes la medicación.*)

JAIME   (*Deteniéndose en su camino, a voz en cuello.*) ¡Tarugo, eres diabético!

CHEMA   ¿Que soy diabético? Lo que faltaba.

JAIME   (*Retomando su camino.*) Yo aún no me he lavado los dientes, porque no hay dentífrico.

GABRIELA No puede ser, anteayer Yisel nos dejó tres Colgates a estrenar en el armario del baño.

          (GABRIELA *sale por la derecha. Se cruza con* CARMEN, *que regresa.*)

JAIME   Lo de los dentífricos ha sido cosa tuya, Carmen, que cambias todo de sitio como un duende.

CHEMA   (*A* CARMEN.) Nos vas a volver locos.

GABRIELA (*Voz en off.*) ¡Están en la papelera!

CARMEN   Ahora voy a ser yo la culpable de que vuestras cabezas sean una chatarrería.

JAIME   ¡Habló la discípula de Freud! ¿Y este acojonante despliegue de porquería cómo lo explicas? (*Vuelve* GABRIELA.) Se llama síndrome de Diógenes.

CARMEN   Tú sí que eres un síndrome.

              (*Sale* JAIME *por la puerta segunda.*)

GABRIELA   Jaime tiene razón, Carmen. Deberías acudir ya
              a un especialista. No es una coincidencia que
              comenzaras a acumular cosas cuando (*Bajan-
              do la voz.*) Chema empezó a estar mal. Estoy
              con Rosa: algún día tendremos un serio acci-
              dente con las cajas. (CARMEN *refunfuña algo para
              sí. A* CHEMA.) Toma, póntelo. Qué manía con
              llevar solo uno.

CARMEN   Cuando se lo pone.

CHEMA   ¿Qué?

GABRIELA   (*Alzando la voz.*) El audífono. Estaba en la re-
              pisa de cristal, a un pelo de caer al váter.

CHEMA   Póntelo tú, a mí no me hace falta. (*Señalándo-
              se un oído.*) Con este os oigo hasta los pensa-
              mientos.

GABRIELA   Por favor, Chema, no me hagas luchar. (*Le co-
              loca el audífono a* CHEMA, *que se deja hacer a re-
              gañadientes.*) ¿Ves qué bien oyes ahora?

CARMEN   En cuanto nos demos la vuelta, se los quita-
              rá, y volveremos a los diálogos de besugos.
              ¿Verdad, Chema?

CHEMA   Voy a cepillarme los dientes.

(Se levanta para ir al baño, pero, en lugar de salir por la derecha, se mete en su cuarto.)

CARMEN   ¡Sí, ahora juega a hacerte el sordo!

GABRIELA   ¡Sordos y alelados! *(Mirando hacia* SERAFÍN.*)* Aquí parece que todo el mundo se ha olvidado del problema.

            (Sale por la derecha y CARMEN *queda sola. Se santigua.)*

CARMEN   ¿Qué vamos a hacer? ¡Rosa jamás debe enterarse! *(Aparece* CHEMA *con una silla plegable bajo el brazo, canturreando en alto los números uno, nueve, cinco y siete.)* ¿A dónde vas con la silla de la playa?

CHEMA   Me bajo a la calle, a que me dé el aire, y a ver pasar a la gente.

CARMEN   ¿Dónde crees que estás? No puedes plantar la silla en la acera como si esto fuera una aldea, ¿qué dirán los vecinos?

CHEMA   ¡Los vecinos me la refanfinflan!

CARMEN   No puedes salir solo de casa y lo sabes.

CHEMA   ¡Otra vez la misma monserga!

CARMEN   Al menos llévate el móvil. Por si te pierdes.

CHEMA   ¿Perderme yo? ¡Ni que fuera retrasado!

CARMEN   Tú lo has dicho. Me visto y bajo contigo.

           (*Se quita un rulo y un mechón de pelo le cae por la frente.*)

CHEMA   Ni hablar. Necesito pensar. Y tú eres como un vampiro que me nubla la mente.

CARMEN   (*Arrancándole la servilleta del cuello.*) ¡Vete a tomar viento, malagradecido, ojalá te trague una alcantarilla!

           (GABRIELA *regresa.* CHEMA *sale y cierra la puerta con un fuerte golpe, para desairar a* CARMEN.)

GABRIELA   ¿Cómo? ¿A dónde va Chema solo? ¿Y qué pasa con Serafín?

CARMEN   ¡Ay, el muerto! Chema sabe cómo sacarme de quicio.

GABRIELA   ¡Ay, eso digo yo! Nuestras vidas están a punto de descarrilar: separados, humillados, condenados, enchironados...

CARMEN   Cálmate. Hasta que vuelva Yisel, tenemos veinticuatro horas para decidir qué hacemos con él. Ahora necesito relajarme y pensar. ¿Me das un pitillo?

GABRIELA   Pero si ya no fumo. Ni tú tampoco. Hace mucho que lo dejamos.

CARMEN   ¡Y dale! ¡Pero si huelo hasta aquí que vienes del baño de dar unas caladas!

(*Sale por la derecha.*)

GABRIELA   ¡Coño, que no fumo!

CARMEN   (*Voz en off.*)¡Tontorrona, sé dónde los escondes!

GABRIELA   Será bruja.

CARMEN   (*Volviendo, con una cajetilla de tabaco, mechero y cenicero.*) «Voila!» (*Se enciende un cigarrillo.*) ¡Delicioso!

(*Tose.*)

GABRIELA   ¡Si se entera tu hija, nos pondrá a caer de un burro!

CARMEN   ¿Y qué dirá? ¿Que no llegaremos a viejas? Si Matusalén y yo íbamos juntos a la guardería.

GABRIELA   Enciéndeme uno, anda. Pero que conste que has sido tú la que me ha incitado a fumar.

(*Ríe y da una calada profunda al cigarrillo que su compañera le acaba de pasar.*)

CARMEN   (*Encendiéndose otro para ella.*) Este «petit plaisir» me transporta a momentos de mi juventud, cuando la vejez concernía solo a los abuelos. (*Saca una botella de anisete de una caja.*) ¿Qué te parece si pecamos del todo y regamos este momento de placer con una copita de anisete?

(*Va a la cocina, sirve dos vasos y se sienta a la mesa.* GABRIELA *detrás.* JAIME *vuelve de su cuarto, con camisa de lino blanca y en pantalón de pijama.*)

GABRIELA   Rosa siempre acierta: ¡no se nos puede dejar solas!

(*Se echan a reír.*)

JAIME   Dejad de reír, ¡ya lo tengo!

GABRIELA   ¿El boleto de Chema?

JAIME   Más que eso, sé qué hacer con el fiambre.

GABRIELA   ¿Que sabes qué hacer con el desdichado Serafín?

CARMEN   Desembucha.

JAIME   Como arquitecto, la única salida que veo es levantar un muro donde emparedarlo. Justamente ahí.

(*Señala una pared.*)

GABRIELA   ¡Dirás un muro donde lamentarnos, Norman Foster!

(*Se bebe el anisete de un golpe.* CARMEN *la imita.*)

JAIME   (*Casi fuera de sí.*) ¿Dónde está... (*No recuerda el nombre de* CHEMA.) ese..., el tarambana? (*Grita.*) ¡Tú, hemos de ir a por ladrillos y cemento!

GABRIELA   (*Rellenando los vasos.*) Cariño, ven, siéntate con nosotras. Chema ha salido un momento.

JAIME   ¿Que qué…? Mira que sois memas.

CARMEN   (*Apaga el cigarrillo.*) ¡No sé dónde tengo la cabeza! Me visto en un periquete y bajo a por él. Hay que interceptarlo antes de que nos meta en otro lío.

(*Se levanta con intención de ir a su cuarto.*)

JAIME   Demasiado tarde, el canalla se ha fugado.

GABRIELA   ¡Qué bobada!

JAIME   Es una fuga de manual. Ha huido para que nosotros carguemos con el mochuelo. (*Con una ligera mueca de ironía.*) Te lo avisé, Gabi: un tipo con esa nariz borbónica solo puede ser un felón. (*Suena el teléfono móvil.*) ¿Veis? Nos ha delatado. (CARMEN *va a coger el móvil pero* JAIME

*se interpone en su camino poniéndole el bastón
delante.*) ¡Por encima de mi cadáver!

GABRIELA ¡Jaime, deja de atosigarnos con tus chaladu-
ras! Luego pasa lo que pasa.

CARMEN Baja la garrota. Seguro que es Rosa. Déjame ver.

JAIME (*Amenazante.*) ¡So, he dicho!

GABRIELA Si no contestamos, Rosa se plantará aquí en un
santiamén. (*Señalando a* SERAFÍN.) Y todo se lia-
rá más que un trompo.

(*Apaga su cigarrillo y se levanta.*)

JAIME (*En tono conciliador, baja el bastón.*) Os pido dis-
culpas, dejadme que os recompense aten-
diendo la llamada. (*Coge el móvil, que continúa
sonando, camina hasta un ventanal y lo arroja
por el balcón, al patio de butacas. Las dos mujeres sueltan un grito corto.*) ¡Salvados! (*Orgu-
lloso.*) La vida es tomar decisiones.

CARMEN ¿Vida dices? ¿Y si te has cargado a un tran-
seúnte?

GABRIELA ¡Esto no puede estar pasando!

JAIME Ahora os digo si algún incauto se ha puesto debajo.

(*Hace ademán de pretender asomarse por el balcón.*)

GABRIELA   ¡Jaime, no! ¡Si sacas la cabeza sabrán que el teléfono ha salido de nuestra casa!

CARMEN   (*Mirando al techo.*) Por favor, Dios, sé benévolo y no nos cargues con un segundo muerto.

(*Suena el teléfono negro. Los tres contienen la respiración.* JAIME *vacila, pero al fin reacciona: golpea con el bastón el aparato, que salta por los aires y deja de sonar.*)

JAIME   (*Con vehemencia.*) ¡Ponedme una copa de anisete a mí también!

Oscuro.

Escena tercera

La manecilla grande del reloj se mueve para señalar que han transcurrido unos cincos minutos. Los ventanales del salón y la ventana de la cocina siguen abiertos de par en par. Por esta última se cuela la voz de Frank Sinatra cantando That's life. *De la calle suben los ladridos de unos perros, el ruido del tráfico y el lejano doblar de una campana. En la cocina no queda nadie. La mesa del desayuno está sin recoger, con la botella de anisete junto a las copas semillenas del licor.* CARMEN y GABRIELA *se hallan en el salón. La primera está arrodillada junto al mueble inspeccionando el teléfono que* JAIME *ha golpeado con el bastón.* GABRIELA, *que ahora está vestida con una blusa blanca y un pantalón de aires setenteros, está de pie a su lado y se enciende un cigarrillo.*

CARMEN   Cada vez está peor. Qué le habrá pasado por la cabeza para tratar así el único objeto que conserva de su padre... (*Descuelga el auricular y se lo pega a la oreja.*) ¡Ahora sí! ¡Arreglado! Se había aflojado el cable.

GABRIELA   (*Sin dejar de fumar.*) Parecemos dos reas en el corredor de la muerte, apurando las últimas bocanadas de plenitud.

(*Le pone un pitillo en la boca a su amiga y lo enciende.*)

CARMEN   (*Da un par de caladas, hasta que reacciona.*) ¡Qué haces ahí parada! ¡Baja y trata de recuperar nuestro móvil! ¡Y a Chema!

GABRIELA   Dame un respiro. Un par de caladas más y voy…

(*Suena el timbre de la puerta.*)

CARMEN   (*Irguiéndose con dificultad por su dolor de espalda.*) No lo puedo creer. Nadie llama nunca a nuestra puerta, y hoy que tenemos un muerto en el salón parece esto la casa de Tócame Roque.

GABRIELA   ¿Quién diablos será?

CARMEN   Rosa no. Ella tiene llaves…

GABRIELA   ¡Los cigarrillos!

CARMEN   ¡Rápido, a mi cuarto!

(CARMEN y GABRIELA *cogen tabaco y cenicero, y con los cigarrillos encendidos salen por la puerta primera. La escena se queda vacía. Suena el timbre por segunda vez. Sale* JAIME *de su cuarto, ataviado con gabán de verano, pañuelo en el cuello, sombrero panamá y pantalón de pijama, y cruza despacio el escenario hasta la puerta principal. Se dispone a mirar por la mirilla, pero da un paso atrás, con desconfianza.*)

JAIME   ¿Quién es?

ANTONIA   (*Voz en off.*) ¡Antonia!

JAIME   No conozco a ninguna Antonia, y no necesi-
           tamos un seguro de hogar.

ANTONIA   (*Voz en off.*) Jaime, soy su vecina. Vengo con
           Chema, que se ha desorientado.

JAIME   ¿Cómo sabe mi nombre? (*Mirando por la mi-
           rilla.*) ¡Esto apesta a timo! ¡Largo!

ANTONIA   (*Voz en off.*) Jaime, haga el favor de avisar a Gabi
           o a Carmen.

           (*El timbre de la puerta suena de forma insisten-
           te una vez más. Salen* CARMEN y GABRIELA.)

GABRIELA   ¿A qué se debe este escándalo? ¿Quién es, Jaime?

JAIME   Una pareja de trapaceros. ¡Qué día llevamos!

ANTONIA   (*Voz en off.*) ¡Gabi, Gabi, soy Antonia! ¡Traigo
           a Chema! (CARMEN *se precipita hacia la puerta
           y la abre. Entran* CHEMA y ANTONIA, *una mujer
           de sesenta y pico años y de semblante risueño. En
           una mano lleva un bolso de la compra.*) Buenos
           días. Chema volvió a despistarse…

CARMEN   (*Abrazando a* CHEMA, *que tiene puesta una mano
           en la cabeza y en su rostro se percibe un gesto de
           dolor.*) Por el amor de Dios, ¿estás bien?

ANTONIA Está algo abrumado. Además de extraviarse, el pobre ha sufrido un ligero percance. Nada serio que…

JAIME (*La interrumpe. Aparta a* GABRIELA *a un lado.*) ¿Quién es usted? ¿Quién se esconde bajo ese disfraz de viejarrona?…

GABRIELA ¡No seas grosero! Es Antonia, la que te trae por San Isidro las rosquillas que tanto te gustan…

JAIME ¿Por qué me hacéis esto? ¡Aborrezco las rosquillas! ¡Y a esta señora!

(*Sale por la puerta segunda, enfurruñado.*)

CARMEN (*Conduciendo con delicadeza a* CHEMA *hasta el sofá, donde lo sienta.*) ¿Ves como no debes salir solo? Es la segunda vez que te desnortas en lo que va de mes.

CHEMA Me duele mucho la cabeza. Mira, toca.

(*Le señala un punto de la cabeza.* CARMEN *se sienta junto a él y le palpa la zona.* CHEMA *se queja de dolor.*)

CARMEN Uy, menudo chichón tienes aquí.

ANTONIA Como que le acaba de caer un teléfono en la cabeza. Tal como se lo cuento. (*Mete la mano en el bolso de la compra, saca el aparato y lo muestra.*) Algún gamberro del edificio lo ha arrojado por la ventana. (*Pensando en alto.*) No sería mala idea llamar a la policía…

(CARMEN y GABRIELA *cruzan una mirada de susto.*)

CARMEN ¿La policía? ¡Uy, no! (*En un susurro.*) Ya se imagina quién ha podido ser el lanzador de móviles.

ANTONIA Entiendo. (*Mira el móvil, que de repente suena con su tono característico.*) Oh, funciona. Un milagro.

CARMEN Permítame. (*Coge el teléfono y contesta.*) ¡Rosa, cariño!… ¿Un joven te ha llamado?… Sí, hija, tu padre, que se emperró en bajar a la calle un momento. Pero está bien, ya en casa. Lo ha traído Antonia… ¡Que no, que no vengas, tú a tu reunión!… ¿Rosa?… Uy, cariño, se corta. El puñetero chisme, que sigue sin batería… Luego hablamos.

(*Cuelga y deja el móvil en el cargador.*)

CHEMA (*Frotándose el chichón, musita para sí, completamente abatido.*) Me duele… Me duele la vida.

ANTONIA (*Mirando a* CHEMA.) ¿Quiere que suba a casa del doctor Ramos y le pida que baje un momento? Seguro que no le importará echarle un vistazo. Es tan atento siempre con los vecinos.

(Carmen y Gabriela *vuelven a cruzarse una mirada de susto.*)

Carmen ¿Para qué molestar al doctor Ramos por un rasguño de nada? ¿Verdad, amor? (Chema *no contesta. Se acurruca en el hombro de su mujer.*) ¿Y dónde dice usted que ha encontrado a mi esposo?

(Antonia *se vuelve hacia el público y camina hasta detenerse ante uno de los ventanales, junto al mueble tras el que se encuentra el cuerpo de Se-*rafín. *Bastaría que bajara la vista para descubrirlo.* Carmen y Gabriela *se miran, acongojadas.*)

Antonia (*Mirando al infinito, por la ventana.*) Yendo a la panadería, me he topado con un chico que lo llevaba del brazo. Al preguntarle, me ha dicho que Chema pretendía tomar un autobús para ir a Inglaterra…

(Carmen *aprovecha que* Antonia *está hablando de espaldas a ellas para indicarle con gestos a* Gabriela *que aleje a la vecina del lado de* Se-rafín. Gabriela *se acerca a* Antonia.)

Gabriela Pobre Chema. Quería ir a su querido Cornualles. (*Tomando a* Antonia *del brazo.*) Venga aquí, Antonia, póngase cómoda.

Antonia (*Dejándose conducir al sofá.*) Sí. Pobre. No supo decirle al joven ni su nombre ni dónde vive. Si no fuera por la pulsera identificativa, ¡a saber dónde pararía ahora!

CARMEN   Qué hombre más majo. Aún queda gente bue-
          na en el mundo. ¿Verdad, amor?

          (CHEMA *no contesta. Continúa con la cabeza hun-*
          dida en el hombro de su mujer.)

GABRIELA Pero siéntese, seguro que le apetece un café.

ANTONIA   Debería marcharme, pero ya sabe que nunca
          puedo resistirme a un cafelito. (*La sigue a la*
          cocina.) Permita que la ayude. (*Viendo la bo-*
          tella de anisete.) ¡Oh!, anisete.

GABRIELA ¿Una copita?

ANTONIA   (*Sonriente.*) Qué tentación, pero no vayan a
          pensar que soy una borrachina. Estas no son
          horas...

          (*Se sienta.* GABRIELA *coge el anisete, le sirve una*
          copa y se acomoda a su lado.)

GABRIELA Nosotras tampoco solemos beber. Pero esta ma-
          ñana a Carmen le vino a la mente el anisete y
          nos dejamos llevar. Hay días que, sin saber la
          razón, te levantas con un sabor amargo en el
          alma, y hoy es uno de ellos.

ANTONIA   Cuánta razón tiene, Gabi. Contra la amargu-
          ra, el elixir de la dulzura. Hagamos un brin-
          dis porque Chema ha regresado sano y salvo
          y para que el día acabe con un broche de feli-
          cidad para todos.

(*Da un sorbo.*)

GABRIELA   O con un milagro.

(*Apura el vaso.*)

CARMEN   (*A* CHEMA, *que sigue sumido en su mundo.*) ¿Lo has oído, amor mío? Brindan por ti, porque estás bien.

CHEMA   (*Sollozando.*) Me duele. Me duele la vida. ¡Me duele vivir!

(*Todas se conmueven al verlo tan compungido.*)

CARMEN   No sufras, cariño, me tienes a tu lado.

(*De repente,* CHEMA *se incorpora con ímpetu, cogiendo por sorpresa a las tres mujeres. Como una persona histérica, busca entre los papeles y las revistas que descansan sobre la mesa de centro.*)

CHEMA   ¿Pero dónde está? ¡Lo necesito!

CARMEN   No vuelvas con lo mismo. Por favor.

ANTONIA   ¿Qué busca, Chema?

CHEMA   Hay que joderse. ¡El billete de lotería!

CARMEN   Cariño, lo extraviaste. Ha desaparecido, como tu silla de la playa. A saber qué has hecho con ella.

(*Se reúne con las dos mujeres en la cocina.*)

CHEMA   ¿Qué silla? Si aquí no hay playa. No me cambies de tema. (*Se detiene en seco.*) ¿Y si alguien lo ha robado?

GABRIELA   (*Rellenando de nuevo su copa y la de* CARMEN.) Qué manía tenéis tú y Jaime con los hurtos. Si no aparece el puñetero boleto, compramos otro y sanseacabó.

CHEMA   ¡Naranjas de la China! Es ese número o ninguno. ¡He de encontrar nuestro salvavidas!

(*Va a su dormitorio en busca del boleto.*)

CARMEN   (*Alzando al aire su vaso, propone un nuevo brindis.*) ¡Por que la paz vuelva a esta casa! (*Las tres chocan los vasos y beben.*) No se deje impresionar por Chema, querida Antonia. Sigue obsesionado con la idea de no morir y de que la ciencia moderna hará realidad su sueño de vivir para siempre.

ANTONIA   Ya veo. (*Pausa.*) Y si me permiten la pregunta: ¿qué tiene que ver la lotería con la vida eterna?

CARMEN   Pues que si su número resulta ganador mi marido tendrá el dinero necesario para que nos criogenicemos los cuatro.

GABRIELA   Se puede imaginar que el capricho de congelarse como hizo Walt Disney cuesta un riñón.

ANTONIA   Cuánto lo siento por él. Es más fácil que a Chema le caiga del cielo un rayo o un teléfono, ya lo han visto, a que le toque la lotería.

CARMEN   Que no le oiga mi querido biólogo, al que ahora le ha dado por la numerología. Sabe, la cifra del boleto es la fecha de cuando se acuñó el término «transhumanismo». Mil novecientos cincuenta y siete.

ANTONIA   ¿El transqué?

GABRIELA   Trans-hu-ma-nis-mo. Chiflados que dicen que pronto podremos tirar nuestro cuerpo a la basura y trasladar la información de la mente a un robot con forma humana. Aspiran a borrar la palabra «muerte» del diccionario. ¡Imagínese!

CARMEN   ¡Vendedores de humo! La ciencia nos concede cada vez más años de vida, eso es así. Pero no se nos prolonga la vida, ¡sino la vejez! Un parche.

ANTONIA   ¿Se imaginan quedarse en este desdichado mundo cientos de años hechas un guiñapo?

CARMEN   ¡Y tener que aguantar a nuestros maridos más de un siglo!

ANTONIA   Un regalo envenenado. Quite, quite...

GABRIELA   A quien cansa el vivir, la muerte agrada. (*Pausa. Al verse las tres tan sumamente serias, se echan a reír.*) ¡Ay, la muerte y los muertos, la guerra que dan! (*Al decir esto, a* GABRIELA *y* CARMEN *se les quita la sonrisa.*) Uy, Antonia, le he prometido un café y la mañana se nos echa encima.

          (*Se levanta rápido y se pone a ello. Entra* CHEMA *muy alterado.*)

CHEMA   ¡Maldita sea mi estampa! ¿Alguien me ayuda a buscar debajo del colchón?

CARMEN   ¡Qué cruz! Yo misma si así nos dejas en paz.

          (*Ambos salen por la puerta primera.*)

ANTONIA   Quién te ha visto y quién te ve.

GABRIELA   Tiene días malos y peores.

ANTONIA   Todavía me pregunto por qué Chema querría irse a Inglaterra.

GABRIELA   Yo me imagino el cerebro de Chema como un gigantesco tapiz que se va deshilachando en toda su extensión, pero que a veces es capaz de enhebrar hilos sueltos que restauran un episodio pasado y se aferra a él. Cornualles fue nuestro último viaje al extranjero, los cuatro, de esto hace ya… creo que fue en 2010.

ANTONIA   Tuvo que ser un viaje muy especial.

GABRIELA   Por entonces los cuatro aún estábamos bien.
            Éramos conscientes de los sinsabores de la ve-
            jez, pero no hasta este extremo. (*Pausa.*) Y fue
            allí, en Cornualles, donde saltó la chispa. Es-
            tábamos sentados en una terraza, contemplan-
            do el azul aguamarina de las aguas de Saint
            Ives, cuando la brisa del océano nos susurró
            que debíamos darnos la mano para acometer
            juntos nuestro trayecto final. Allí nos prome-
            timos que, llegado el momento, compartiría-
            mos un mismo techo con el propósito de cui-
            darnos unos a otros. Pasara lo que pasara.

            (*Muestra una sonrisa triste, nostálgica.*)

ANTONIA   Enternecedor, unos amigos convertidos en fa-
            milia…

            (*De repente, la interrumpe la música de Parsi-
            fal, que se escucha de fondo, proveniente del dor-
            mitorio de los García.*)

GABRIELA   Recuerdo como si fuera ayer el día en que nos
            instalamos aquí. Chema y Jaime eran dos se-
            res de luz, aún capitaneados por la cordura, a
            pesar de los pequeños deslices, llamémoslos así,
            que empezaba a sufrir mi esposo…

ANTONIA   Jaime tuvo mucha suerte de que usted se cru-
            zara en su vida.

GABRIELA   Más de medio siglo juntos. (*Le sirve café a* AN-TONIA *y se sienta a su lado.*) Como no tengo hermanos y mi naturaleza dictó que mis ovarios fueran yermos, mi única familia es mi querido cascarrabias. No imagino mi vida sin él. Ni sin Carmen, ni sin Chema.

(CARMEN *regresa.*)

ANTONIA   (*A* CARMEN.) ¿Está mejor su esposo?

CARMEN   Ha sido ponerle su música y todo ha vuelto a ser paz en él.

ANTONIA   (*Comprensiva.*) Adoro a Wagner…

CARMEN   Si te soy sincera, Gabi, echo en falta a Yisel. (*A* ANTONIA.) Hoy no vendrá, ¿sabe? Tiene el estómago revuelto…

(ANTONIA *apura su café, sorbo a sorbo.* JAIME *sale de su cuarto.*)

JAIME   ¿Todavía sigue aquí la rosquillera? ¿Qué pasa con el muerto?

CARMEN   ¡No seas insolente! (*Improvisa.*) El muerto está escuchando música en su cuarto. ¡Anda ve con él!

JAIME   ¡Fiambres melómanos! Las gilipolleces que hay que oír en esta casa. (*A* ANTONIA, *golpeando el suelo con el bastón.*) ¡Usted! No quiero gente aquí. ¡Humo!

ANTONIA   (*Levantándose.*) Cálmese, Jaime, ya me voy.

GABRIELA   Será mejor, Antonia. Baje a la panadería o se quedará sin su pan de cereales.

(JAIME *se pone a caminar, inquieto, de un lado a otro. La música de Wagner deja de sonar y aparece* CHEMA. ANTONIA *intenta tranquilizar a* JAIME *cuando se cruza con él.*)

ANTONIA   Perdóneme, Jaime, si le he puesto algo nervioso.

JAIME   (*Amenazante.*) No me venga ahora con adulaciones, sé que usted está aquí por lo de Serafín.

GABRIELA   ¡Calla, Jaime!

ANTONIA   ¿Serafín?

CHEMA   ¡El quiosquero!

JAIME   ¡El conserje!

CHEMA   ¿Que el quiosquero es el conserje? La vida es una caja de sorpresas.

GABRIELA   Nuestros maridos le tienen ojeriza a Serafín, ¿sabe, Antonia?

ANTONIA   A mí tampoco me gusta un pelo. Hay más pelusa en la escalera que en una chopera en primavera. Alguien debería darle un rapapolvo a ese reyezuelo…

JAIME   ¡Mejor un buen bastonazo!

ANTONIA   Qué cosas tiene, Jaime, bastaría con despedirlo, ¿no cree?

CARMEN   (*Acompañando a* ANTONIA *a la puerta.*) ¡Pero sin el finiquito!

(*Finge una risa.* ANTONIA *abre la puerta de par en par, con ganas de irse.*)

CHEMA   (*A* ANTONIA.) ¡Eh, señora! ¡Que ese no vuelve a llamar a nuestra puerta ni a tocarnos las narices en la vida!

JAIME   ¡Exacto! ¡Esa rata calva está más tiesa que la mojama!

(*Se pone a silbar el toque de silencio.*)

GABRIELA   ¡Echad la cremallera! (*A* ANTONIA.) Siempre el mismo diálogo de besugos.

CARMEN   Antonia, lo que quieren decir estos dos bobalicones es que Serafín al parecer se fue anoche a Atienza.

ANTONIA   ¿Serafín se ha ido al pueblo, dicen? ¿En estas fechas?

JAIME   ¡Y no volverá!

CHEMA   (*Dramático.*) ¡Cuando algo en la vida se marcha, jamás regresa!

CARMEN   (*A los hombres.*) ¡Arread en busca del boleto de Chema! Me ha parecido verlo entre los papeles de mi escritorio.

(CHEMA *le indica a* JAIME *que lo siga y ambos salen rápido por la puerta primera.*)

GABRIELA   Así es, Antonia, al parecer se ha ido a visitar a su madre, que está pachucha.

ANTONIA   ¿Con Laura?

GABRIELA   (*Improvisa, nerviosa.*) ¡No, no! A ella la vi hace un rato desde el balcón. Salía con el carrito de la compra.

ANTONIA   (*Cotilleando.*) No me diga más. Ese ha usado a su madre de excusa para echar una cana al aire con su nuevo lío.

GABRIELA   ¿Lío?

ANTONIA   (*Susurrando.*) Serafín se ve con mi vecina de enfrente. ¡Menudo tunante está hecho!

CARMEN   ¿Rocío, la viuda del séptimo D?

ANTONIA   A la chita callando, esa mosquita muerta se lleva de calle a los hombres. Y Serafín es uno de los que bebe los vientos por Rocío. ¡Qué casualidad que ella lleve unos días fuera!

CARMEN   Me deja usted muda.

GABRIELA   Pobre Laura.

ANTONIA   Mismamente la semana pasada me topé con esos dos al ir a coger el ascensor. Los vi dándose piquitos en el rellano.

CARMEN   Hay que ser muy canalla para engañar a tu mujer en la cara. (*Regresa* CHEMA, *seguido de* JAIME. *Casi empujando a* ANTONIA, *que sale.*) Vamos, vamos. Se le va a hacer tarde, su pan...

ANTONIA   (*Desde el rellano.*) Si necesitan cualquier cosa, ya saben.

           (CARMEN *cierra la puerta y se apoya en ella de espaldas y rompe a llorar.*)

CHEMA   (*Mira a* CARMEN, *irritado.*) ¿Y ahora qué he hecho mal? ¿Lloras porque no encuentro el boleto?

GABRIELA   ¡Llora por Serafín!

           (CARMEN *solloza desconsoladamente.*)

CHEMA (*A* JAIME.) ¡Date por jodido! ¡Tú y tu bastón poseído comenzasteis todo esto!

JAIME ¿Mi bastón? ¿Quién compró la puñetera tostadora?

(CARMEN *tiene la mirada cansada. Va hacia el mueble y se detiene delante de* SERAFÍN. *Todos observan cómo se agacha despacio y le aparta la manta del rostro. Los demás acuden a reunirse con ella. Los cuatro rodean a* SERAFÍN *de modo que este sigue estando visible al público. Permanecen contemplándolo durante unos segundos.*)

CARMEN (*Se persigna.*) Nadie se merece morir así.

(*Silencio.*)

JAIME Cuesta mucho encontrar las palabras adecuadas en un momento como este.

CHEMA Descanse en paz… o RIP.

(GABRIELA *se abraza a su amiga, y se detiene la escena. La luz se va apagando, salvo un foco que ilumina el reloj de la pared, que señala las doce del mediodía. Su tictac se hace audible durante unos segundos. La luz del foco se extingue definitivamente.*)

Telón.

Acto segundo
Escena primera

La escena está vacía y oscura, solo rota por la luz de un foco que ilumina el reloj de la pared, cuyas manecillas, que señalan las doce del mediodía, avanzan hasta detenerse en la una y media de la madrugada. El haz de luz se amplía hasta abarcar la pizarra, en la que, con letra grande y desgarbada, pone «Hoy miércoles: asesinato de SERAFÍN. *Mañana jueves: huida». Poco a poco, va iluminándose el espacio, que se queda en una atmósfera relativamente crepuscular debido a la luz de las farolas de la calle. Se escucha el rumor de neumáticos sobre el asfalto. La cocina está recogida y la mesa despejada.* SERAFÍN *continúa en el mismo sitio. La manta que lo cubría está tirada, hecha un gurruño, en la otra punta del salón. Dos maletas de cabina y una pequeña bolsa de viaje de Louis Vuitton están colocadas junto a la puerta principal. El sombrero de Panamá de* JAIME *y una pamela rosa descansan sobre ellas. Sale* JAIME *en pijama por la puerta segunda. Se detiene un instante frente al reloj y lo descuelga no sin dificultad para dejarlo en el suelo, apoyado en la pared. En la pizarra borra «huida» y, tomando el rotulador, escribe «deshacerse del cadáver». Luego se dirige a la puerta de los García y la golpea fuerte con los nudillos.*

JAIME   ¡Pst, pst! ¡Chema, Chema!

CARMEN   (*Voz en off.*) ¿Sabes qué horas son? ¿Qué quieres?

JAIME   Tengo la solución al problema.

CARMEN   (*Voz en off.*) Gabi debería atarte a la cama. Qué nochecitas nos das.

JAIME   Es un asunto urgente. ¡Se trata del muerto! (*Se impacienta y abre la puerta.*) ¿Pero qué haces a estas horas sentada en el escritorio? No me digas que escribes un diario… ¡Anda, déjate de cursiladas y ven! (*Palmoteando, con el bastón en una mano.*) ¡Arriba, Chema! ¡Levanta ese culo carpeta del colchón!

CARMEN   (*Voz en off.*) ¡Largo! ¡Qué manía con abrir la puerta sin permiso!

JAIME   ¡Ni que fuera esto un cuartel! (*Cerrando con un portazo.*) ¡Hay que espabilarse y poner en marcha un nuevo plan! (*Yendo hacia su habitación.*) ¡Mujeres! Qué rayos hace esta, que no viene. ¡Gabiii!

               (*Sale por la puerta segunda. La escena queda vacía.*)

CHEMA   (*Voz en off.*) ¡Ay! Serás… ¿A qué viene este codazo? Ya no puede uno ni dormir.

CARMEN   (*Voz en off.*) ¡Serafín!

CHEMA   (*Voz en off.*) ¿Será el fin?

CARMEN   (*Voz en off.*) ¡Serafín, Serafín!

CHEMA   (*Voz en off.*) ¿Será el fin de Serafín?

CARMEN   (*Voz en off.*) ¡Puñetas!

CHEMA   (*Voz en off.*) ¿Qué pasa con tus tetas?

CARMEN   (*Voz en off.*) ¡Tienes los audífonos en la mesi-
           lla, burro sordo! ¡Anda, póntelos! (*Gritando aún
           más.*) ¡Se trata de Serafín!

CHEMA   (*Voz en off.*) ¿Serafín?

CARMEN   (*Voz en off.*) ¡Serafín, el conserje!

CHEMA   (*Voz en off.*) ¡Quién iba a ser si no! ¡Siempre
           me toca bailar con la más fea!

           (*Aparece* CARMEN *con los mismos rulos, el cami-
           són y el mechón de pelo del día anterior. Al ver
           que no hay nadie en la sala de estar, se estira y
           bosteza y se deja caer en el sofá. Al instante sale*
           CHEMA, *en pijama, vencido por el sueño. Va ha-
           cia el sofá arrastrando los pies, se sienta, toma
           un cojín, que se coloca en el hombro para apo-
           yar la cabeza, y cierra los ojos. Entran* JAIME *y*
           GABRIELA. *Esta va a la cocina y se sirve un vaso*

con agua. Él, por su parte, va hasta donde está sentado CHEMA *y le quita el cojín de un manotazo y se sienta a su lado.*)

JAIME   ¡Despierta, bella durmiente! (*A todos, con gravedad.*) Sé cómo quitarnos de encima a la sabandija.

GABRIELA (*Desde la cocina, bebiendo agua.*) Pensaba que el asunto ya lo habíamos zanjado.

CARMEN   Tú lo has dicho. Ahora, me gustaría volver a mi cuarto. Mirad las horas que son. (*Dirige la mirada a la pared para consultar la hora y, al ver que el reloj está descolgado, hace un mohín de disgusto. A* GABRIELA.) Tengo que terminar eso y luego quisiera recargar algo las pilas.

GABRIELA Cierto, hemos de madrugar más que el sol, y estar de camino a Benidorm para cuando Yisel entre por la puerta.

CHEMA   ¿Qué demonios se nos ha perdido en Benidorm? Hay que tomar rumbo a Cornualles.

JAIME   ¡Silencio! Dejad que os cuente mi nuevo plan; es magistral y evita el monumental lío que supondría salir huyendo y dejar todo esto atrás…

GABRIELA No estoy para escuchar más ideas de bombero.

          (*Se sienta a su lado.* CHEMA *ha salido de su amodorramiento y mira a* JAIME *con curiosidad.*)

JAIME   Hagamos lo que hacía ese forense con los in-
             deseables. Lo cortamos en pedacitos para
             deshacernos de él.

CHEMA   ¡Ahí va la hostia!

CARMEN   Jaime, seamos serios. No somos Dexter y esto
             no es ficción.

GABRIELA   Seguiremos con el plan que aprobamos de for-
             ma unánime. Me marcho al cuarto.

             (*Hace ademán de levantarse, pero* JAIME *rompe
             a llorar.*)

JAIME   (*Sollozando.*) ¿Por qué me hacéis esto? ¡Yo solo
             quiero volver a tener la alegría de antes!

CHEMA   Nunca volveremos a estar alegres. La muerte
             nos perseguirá el resto de nuestras vidas.

GABRIELA   De nada vale ya torturarse.

JAIME   (*Lamentándose.*) Matar es algo horrible.

CHEMA   Horriblemente fácil.

CARMEN   Si os sirve de consuelo, la muerte a veces sal-
             va vidas. La de Serafín por la de Laura.

             (*Se levanta para colocar el reloj en su sitio.*)

GABRIELA   Un clavo saca a otro, ¿no? Cuántas de nosotras no han muerto a manos de unos maridos
maltratadores. Ni huyendo se libran de sus ga-
rras. Pero, querida, no deseo sentirme una jus-
ticiera...

JAIME   (*A* CARMEN.) ¡Mujer, no des protagonismo al
tiempo! ¡Abajo Cronos! ¡Muerte a Kairós!

CHEMA   Intentar detener el tiempo es como tratar de
atrapar el viento entre las manos.

CARMEN   Si no fuera porque nos vamos en unas horas,
os aseguro que ahora mismo lo pegaba con si-
licona a la pared.

GABRIELA   Volvamos a la cama.

CHEMA   Me habéis alterado tanto que ahora mismo estoy más despierto que el café. ¿Quién se
apunta a jugar al cinquillo?

*(Va a la cocina, saca una baraja de naipes de uno
de los cajones y se sienta a la mesa.)*

JAIME   ¡Yo!

(Lo sigue y se sienta a su lado.)

GABRIELA   ¿Jugar ahora? Esto parece un frenopático.

CARMEN   *(Colocándose las gafas que lleva colgadas del cuello.)* ¿Por qué no? ¿Crees que podrás pegar ojo

después del sainete que nos ha brindado tu querido casquero?

GABRIELA   También es verdad. Será lo último que hagamos juntos en esta casa.

(*Acuden las dos a sentarse con ellos.* CHEMA *empieza a repartir las cartas, pero de repente se detiene.*)

CHEMA   Un momento: ¿cuántos años tengo?

GABRIELA   (*Tomando asiento.*) Ochenta y dos.

CHEMA   ¿Tantos?

CARMEN   (*Igual.*) Tantos.

CHEMA   Joder. Ocho, dos. Son la hostia.

JAIME   Tienes más años que la orilla de un río.

CHEMA   Mira quién fue a hablar. El ocho, cuatro.

JAIME   Pero tú estás más jodido que yo.

GABRIELA   (*A* CHEMA.) Vamos, pipiolo, termina de repartir.

CHEMA   (*Con la mirada puesta en el infinito.*) Los de mi edad están cayendo como chinches.

JAIME   No dramatices. Algunos se largan antes, como la chinche de Serafín.

CARMEN   (*Santiguándose.*) Ahora estará cara a cara con Dios.

JAIME   ¿Con Dios? A ese ya le está metiendo Satanás el tridente por el culo.

CARMEN   ¡Deslenguado, cierra ese pozo negro que tienes por boca!

JAIME   (*Con gravedad.*) A propósito de esa chinche, hemos de deshacernos de ella.

GABRIELA   No empieces. Continuaremos con el plan Thelma y Louise.

CHEMA   ¿Thelma y Louise? Eso es una película.

CARMEN   Lo sé, amor, es solo el nombre en clave que le hemos puesto Gabi y yo a nuestro proyecto de huida. El que urdimos anoche, ¿recuerdas?

CHEMA   Ni que tuviera la memoria de un pez.

JAIME   ¿Por qué ese nombre tan chungo? ¿El de una peli en que al final dos piradas se tiran en coche por un barranco?

CHEMA   Habló el reventador de finales. Yo no he visto esa película.

GABRIELA   La hemos visto los cuatro hace la tira de años, y más de una vez.

CARMEN   La historia de dos mujeres insatisfechas que emprenden un largo y accidentado viaje por carretera.

GABRIELA   Como haremos nosotros en pocas horas.

JAIME   A Benidorm.

GABRIELA   Eso es. Muy bien.

CHEMA   A Cornualles, coño.

GABRIELA   Dos mujeres que tan solo deseaban disfrutar de los placeres de la vida, juntas, durante un fin de semana, y, hete aquí, el cruel destino quiso que terminaran huyendo de la policía por cometer un homicidio en defensa propia.

JAIME   ¡Joder, lo mismo nos ha sucedido con Serafín! Pero lo nuestro es y será la gran evasión.

(*Se sonríe por lo ingenioso del comentario.*)

CHEMA   Yo no me voy a ninguna parte. Seguimos con mi plan, el de cobrar el premio el viernes en cuanto el 1957 salga del bombo. (*Con solemnidad.*) Como dijo Groucho Marx, pienso vivir para siempre o morir en el intento.

JAIME   ¿Vivir para siempre? ¿En este cuerpo con más arrugas que un acordeón? Cuando me miro, se me quita hasta la libido.

GABRIELA Pero, Chema, acuérdate de que ayer tuvimos que descartar tu plan.

CHEMA   ¡Tonterías! ¡El boleto nos hará ricos! Compraremos el silencio del albañil que nos levante un falso tabique para emparedar a Serafín. Luego volaremos a Míchigan para arreglar al fin nuestro futuro en el Cryonics Institute.

CARMEN   Ay, cariño, tú mismo encontraste el billete de lotería ayer cuando hacíamos las maletas. Lo volviste a colgar en su sitio. ¡Ahí lo tienes!

CHEMA   (*Va hasta el frigorífico en cuya puerta pende de un imán un pedazo de papel medio destruido. Lo coge y lo examina.*) Mmm. Esto es un papelucho arrugado y desvaído.

GABRIELA Es tu boleto. Estaba en el bolsillo de uno de tus pantalones lavados y planchados.

CHEMA   ¡Mientes! (*Examina más de cerca el papel y da un respingo.*) ¡No! (*Golpea la mesa con los puños.*) Yo quiero congelarme y despertar cuando la ciencia pueda convertirme en un hombre inmortal.

CARMEN   Cariño, ayer ya pasamos por esto. Tras tu berrinche, convenimos que por ahora lo mejor es largarse.

CHEMA   Quieres confundirme, convencerme de que ya nada se puede hacer. (*Grita.*) ¡Joder, no me robéis la esperanza!

GABRIELA   Nada impide que puedas seguir soñando. Pero en otro lugar. Saldremos para allí a las siete de la mañana.

CARMEN   Eso es lo que pactamos. Huir. Los cuatro. Iremos al banco, sacaremos todos nuestros ahorros…

CHEMA   ¡Si no tenemos un duro!

GABRIELA   Lo suficiente para tirar un tiempo. No necesitamos gran cosa.

JAIME   ¿Y qué pasará cuando la pasta se acabe? ¿Cómo accederemos a las pensiones?

CARMEN   Lo veremos en su momento. Ahora, lo prioritario es esfumarnos sin dejar rastro.

JAIME   Para que la pasma no nos trinque.

CHEMA   (*Repite, como comprendiendo.*) Para que la pasma no nos trinque.

CARMEN   Eso es, Chema.

CHEMA   Yo conduciré.

GABRIELA   Chema, cariño, hace años que no conducimos ni tenemos coche.

JAIME   ¡Más reflejos, Carlos Saiz!

CHEMA   ¡A la mierda todo! Yo no me muevo de aquí,
             quiero estar en mi casa cuando llegue la nue-
             va era. ¡La era poshumana!

GABRIELA   Otra vez en la casilla de salida. Métete el trans-
             humanismo por donde te quepa, chatín.

             (*Se levanta y echa un vistazo rápido dentro del
             frigorífico, no ve nada que le apetezca y lo vuel-
             ve a cerrar.*)

JAIME   Eso, deja de dar la tabarra.

CHEMA   ¡Sois unos… unos…! ¡Aquí os quedáis! ¡Me
             marcho!

CARMEN   (*Con preocupación.*) ¿A dónde?

CHEMA   ¡A mi cuarto!

JAIME   ¡Eres un gallina!

CHEMA   (*Dedicándole una peineta.*) ¡Súbete y pedalea!

GABRIELA   ¡Chema, por favor!

JAIME   (*Se levanta y camina hacia* CHEMA, *alterado.*)
             ¡Tarao, tú verás qué haces! (CHEMA *sale por la
             puerta primera dando un portazo. Desgañitán-
             dose.*) ¡Piénsatelo bien! ¡Te quedarás aquí solo,
             con tu nueva era! ¡Y con el puto muerto!

(*Desaparece por la puerta segunda.*)

Oscuro.

Escena segunda

La manecilla grande del reloj apenas avanza unos minutos. Están CARMEN *y* GABRIELA *sentadas en el mismo sitio, jugando a las cartas.*

CARMEN   (*Mirando sus cartas.*) Qué idea más genial tuviste ayer de poner en remojo un antiguo décimo y arrugarlo como una breva para luego secarlo con la plancha. Chema picó ayer y ha vuelto a picar ahora.

GABRIELA   (*Mirando las suyas.*) Y si a la hora de irnos se vuelve a poner cazurro, le diremos que Rosa ha localizado en Benidorm un décimo igualito al suyo.

CARMEN   Y a Jaime, si se pone terco, basta con decirle que la poli nos pisa los talones para que huya como gato escaldado. (*Pausa.*) Si te soy sincera, ellos no me preocupan tanto como lo otro.

GABRIELA   ¿Nuestro desenlace?

CARMEN   No, mi hija.

GABRIELA   Será inevitable que sufra. Y eso hace que nuestro plan sea aún más desolador.

CARMEN   (*Deja las cartas boca abajo sobre la mesa.*) Cuando llamó ayer al salir del trabajo, la convencí para que se fuera directa a su casa. (*Pausa.*) Pero ahora que sabemos que vamos a desaparecer para siempre, me hubiera gustado verla una última vez y decirle lo mucho que la quiero.

GABRIELA (*Tomándola de la mano.*) Y te habrías derrumbado, y Rosa acabaría descubriendo el pastel. No podemos implicarla en esto.

CARMEN   Soy incapaz de apartar de mi cabeza el daño que le voy a causar, dejándole en casa un cadáver y nosotros quitándonos la vida a cientos de kilómetros.

GABRIELA Bueno, siendo precisas, tú y yo seremos las que les arrebatemos la vida a nuestros maridos.

CARMEN   Ay, san Judas Tadeo. Serán víctimas de una eutanasia sin consentimiento, vamos, de un homicidio. Cometido por nosotras. Por dejar las cosas claras.

GABRIELA Para mí están claras, Carmen, pero no haremos nada que tú no quieras hacer. Estamos a tiempo de parar todo esto. Nos entregamos a la policía y que cada palo aguante su vela.

CARMEN   No hay marcha atrás. Chema y Jaime son carne de la amnesia y, si decidimos dejar las cosas como están, a saber qué suerte correrán alejados de nosotras. Ese par de botarates nos echarán en falta, incluso después de que se olviden de quiénes somos y quiénes son.

GABRIELA   Porque ocurrirá. Y por muy inmoral que parezca nuestro plan, evitarlo será un acto de generosidad.

CARMEN   De amor puro. Dios quiso poner a Serafín en nuestro camino para empujarnos a cometer con lucidez un acto imposible de fraguar cuando la cabeza se nos vaya también a nosotras. Y, de paso, liberar a mi hija de cargar con unos viejos desvalidos. Y cómo no, salvar a Laura de su verdugo. (GABRIELA *de repente muda el semblante.*) ¿Qué ocurre, amiga mía?

GABRIELA   Nada, me han asaltado unos pensamientos… Pero no te preocupes, tal como vinieron se irán. (*Con desasosiego, roba una carta de la pila.*) Paso.

CARMEN   Pues esta no te la paso… Somos amigas desde hace más de cuarenta años y sé cuándo algo te mortifica.

GABRIELA   Déjate de suspicacias. Además, no sé por qué estamos jugando al cinquillo (*Deja sus naipes.*) cuando aún está pendiente el asunto de las cartas de despedida.

CARMEN   ¡Las cartas! No me puedo creer que hayamos olvidado algo tan capital. ¿Ves lo *p'allá* que estamos?

GABRIELA   Se llama olvido intencional, arrinconar algo que resulta doloroso acometer. (*Se saca del sujetador una cuartilla doblada, que abre con sumo cuidado, como si se tratase de un pergamino milenario.*) A ver qué te parece lo que he escrito.

CARMEN   Alto ahí, solo si antes me cuentas eso que callas. (GABRIELA *niega con la cabeza.*) Querida Gabi, ¿de verdad piensas que puede haber algo más estremecedor que el cadáver de Serafín ahí tendido? Dímelo. (GABRIELA *vuelve a negar con la cabeza.*) No puedo hacer las maletas, abandonar a mi hija, huir y dejar este mundo de mierda con una incertidumbre en el aire.

(*Silencio.*)

GABRIELA   ¿Y si lo que dijo haber visto Jaime el miércoles fuera uno más de sus desvaríos?

CARMEN   ¿Que Serafín no le hubiera levantado la mano a Laura, quieres decir?

GABRIELA   Eso cambiaría mucho las cosas, ¿verdad?

CARMEN   Pero ayer yo misma vi su ojo amoratado.

GABRIELA   Sí, bajo unas gafas de sol. Quizá solo fuera una sombra o una jugarreta de tu mente y viste lo que quisiste ver al encontrártela con una maleta: una huida, un ojo morado.

CARMEN   Maldita sea mi suerte. Ojalá no me lo hubieras contado.

JAIME   (*Voz en off. A gritos.*)
          «¿Qué es la vida?, un frenesí;
          ¿Qué es la vida?, una ilusión,
          una sombra, una ficción,
          y el mayor bien es pequeño;
          que toda la vida es sueño,
          y los sueños, sueños son».

CHEMA   (*Voz en off.*) ¡Cállate, chalao! ¡Que algunos intentamos dormir!

JAIME   (*Voz en off.*) ¡Eh, un respeto, don Sonotone!

          (*Las dos mujeres escuchan la trifulca como quien oye llover.*)

GABRIELA (*Se levanta y coge el anisete del armario.*) ¿Seguimos o prefieres una tila?

CARMEN   No sé qué decirte.

GABRIELA Deja de mortificarte y alegra esa cara de acelga, porque en los accidentes solo hay víctimas. Lo es Serafín, y nuestros esposos. También tú y yo. Y aún te diré más: el hecho de que vayamos a morir no impide que vivamos. (*Sirve dos vasos y se sienta.*) ¡Chinchín!

CARMEN   (*Brinda, con poco entusiasmo.*) Vivamos con la intensidad de Thelma y Louise.

(*Beben hasta apurar el vaso.*)

GABRIELA   Bien, esto es lo que he escrito mientras Jaime dormía. (*Alisando el folio.*) Como ves, mi despedida se ha quedado en una misiva telegráfica.

CARMEN   ¿Telegráfica? Si has escrito por las dos caras.

GABRIELA   Claro, me despido de todos nuestros conocidos en nombre de los cuatro.

CARMEN   Yo solo había pensado escribir a Rosa.

GABRIELA   Por supuesto, tú céntrate en tu hija. Aunque le he dedicado unas líneas, cuando todo se destape, ella necesitará encontrar una carta de su madre que le proporcione consuelo y paz.

CARMEN   He tratado, en vano, de componer una sola frase mil veces. ¿Cómo se despide una de su hija para siempre?

GABRIELA   Vayamos paso a paso. Yo te echo una mano con la carta a Rosa y tú me ayudas a repasar los mensajes al resto. Te avanzo que a tu hija la he dejado para el final por motivos obvios. Bien, al lío. Las primeras palabras van destinadas a los agentes de policía, para ponerlos al corriente de cuanto ha sucedido aquí.

CARMEN   Bien pensado. Anda, lee.

GABRIELA   (*Lee.*) «Estimados agentes de policía: el cadáver que yace en el salón es fruto de un homicidio cometido por nosotros, los cuatro. No obstante, sepan que somos buenas personas y que jamás procedimos con premeditación, nocturnidad y alevosía. Los años nos pesan y, en un momento de delirio, uno de nosotros ha golpeado a Serafín creyendo que se trataba de un ladrón. Ello nos ha empujado, como dirían unos auténticos criminales, a abrirnos. No es necesario que desplieguen un amplio operativo para localizarnos, dado que muy pronto sabrán de nosotros». ¿Qué opinas?

CARMEN   Pon también: «Solo necesitamos que nos concedan unos pocos días».

GABRIELA   (*Tomando nota.*) Eso. Se me ocurre la siguiente precisión (*Mientras escribe.*): «Unos pocos días para saborear la libertad con un último halo de dignidad».

CARMEN   Dicho así quizá les toquemos la fibra sensible.

GABRIELA   A renglón seguido me dirijo a nuestra segunda víctima, Laura.

CARMEN   ¿Víctima?

GABRIELA   La hemos dejado viuda.

CARMEN   Tiene su lógica.

GABRIELA   Voy a hacer algunos cambios sobre la marcha por lo que acabamos de hablar sobre el posible delirio de Jaime. (*Lee.*) «Querida Laura, matamos por accidente a Serafín». Qué te parece, Carmen, si pongo esto nuevo: «No estamos muy seguros, pero creemos que te hemos hecho un favor, si son correctas nuestras sospechas de que te maltrataba».

CARMEN   Me gusta. Directa, sin paja. Pero si la paliza a Laura solo existiera en la cabeza de Jaime, ¿no crees que no estaría de más ponerle al corriente de su infidelidad con Rocío?

GABRIELA   Doloroso pero necesario. (*Escribe.*) Con este añadido amortiguaremos el duelo de Laura. Serafín podría no ser un maltratador, pero sí es un adúltero.

CARMEN   En cualquier caso, un mal marido.

GABRIELA   Termino con este broche: «Mira al futuro, querida Laura, encontrarás al hombre que te quiera y respete».

CARMEN   Insuperable. ¿Quién viene ahora?

GABRIELA   La madre de Serafín.

CARMEN   Virgen de la Aurora. ¿Qué le has puesto?

GABRIELA   (*Lee.*) «Querida señora, los abajo firmantes...».

CARMEN   ¿Vamos a firmar la carta?

GABRIELA   Ahora que lo mencionas, me parece un desatino. Lo tacho. (*Lee de nuevo.*) «Querida señora, matamos a su hijo sin querer y eso nos ha encogido el alma a los cuatro por igual, a pesar de que fue un maltratador». Hago un cambio: «a pesar de que quizá fue un maltratador».

CARMEN   Un final frío, ¿no?

GABRIELA   Chica, no me sale hablar de él con compasión. Tenía que darle la estocada.

CARMEN   Tacha eso último del maltratador y pon: «Debe saber que su hijo siempre hizo su trabajo con excelencia y se desvivió por el bienestar de los vecinos».

GABRIELA   Pero eso es una mentira como un templo.

CARMEN   Una mentira piadosa. Escríbelo. Si sobrevive a un hijo, una madre debe sentirse orgullosa de él.

GABRIELA   Es verdad, con ello nadie gana nada. ¡Fuera!

CARMEN   Continúa.

GABRIELA   Para no abrumarte, he incluido a todas aquellas personas que, a su manera, hicieron nuestras vidas más soportables de lo que hubieran

sido sin ellas. Yisel, Marta, Nines, Alberto, el
doctor Ramos, Pedro...

CARMEN   ¿A Pedro, el carnicero? No podemos decir adiós
a todo quisqui. No se hace algo así en una nota
de suicidio.

GABRIELA ¿No? La verdad es que desconozco si existe un
protocolo para ello.

CARMEN   Claro que no. Qué tonta soy. ¿A quién más has
incluido?

GABRIELA A nuestra peluquera, al cartero, a la farmacéu-
tica, a la fisio… Confío en no haberme deja-
do fuera a nadie…

(JAIME *la interrumpe en su parlamento aporre-
ando la pared contigua al cuarto de* CHEMA.)

JAIME   (*Voz en off. A voz en grito.*) ¡Eh, Chema!
¿Duermes?

CHEMA   (*Voz en off.*) ¡Hasta que has rebuznado, sí!

JAIME   (*Voz en off.*) Me siento cansado para huir.

CHEMA   (*Voz en off.*) Yo no voy a ninguna parte. ¡No
quiero separarme de mis hijos!

JAIME   (*Voz en off.*) Tú no rulas bien. ¡Solo tienes una
hija, semental!

CARMEN   Pensando en estos dos, ¿metiste a nuestro querido neurólogo?

GABRIELA   ¡Cómo olvidarme del doctor De la Peña y del resto de nuestros médicos! Solo queda que me apruebes el final: «No sintáis aflicción porque hayamos llegado a esto. Recordad que es más soportable una combustión espontánea que consumirse como una colilla».

CARMEN   Blanco y en botella.

(CARMEN *toma la botella de anisete y vierte en los dos vasos lo poco que queda del licor.*)

GABRIELA   Listo. Por último, está Rosa.

CARMEN   Cielo mío, qué sola te vamos a dejar, sin hijos, divorciada y sin ninguna inquietud ya por encontrar un hombre. ¿Qué será de ella cuando llegue a nuestra edad?

GABRIELA   No dramatices.

CARMEN   ¿Crees que exagero?

GABRIELA   Más que el que puso el nombre al saltamontes. Ella es una persona inmensamente feliz y realizada. Eso que ahora llaman empoderamiento la ha hecho reverdecer.

CARMEN   Pareces estar muy segura de lo que dices.

GABRIELA   Y tú también lo estás.

CARMEN   ¿Lo estoy?

GABRIELA   Lo estás, y lo sabes.

CARMEN   (*Ofendida.*) No entiendo por qué me atacas así.

GABRIELA   No te estoy atacando, cariño, es solo que tú lo interpretas como una ofensa. De las líneas que le dedico a Rosa, te leo estas que seguramente te servirán de inspiración para tu carta.

CARMEN   Miedo me das.

GABRIELA   Respira, mujer, verás que no es tan grave. (*Lee.*) «Rosa querida, el mayor deseo de todos nosotros es que sigas libre tu camino. El que te dicte el corazón. No pierdas la oportunidad: ámala de forma abierta. Tus padres están orgullosos de ti y te adoran. Siempre han actuado en aras de tu felicidad, aunque no siempre hayan acertado». (CARMEN *la mira, sin reaccionar.*) Te has quedado muda.

CARMEN   Sí.

GABRIELA   Di algo.

CARMEN   Es muy hermoso, Gabi.

GABRIELA   ¿Verdad que no pasa nada por decirlo abiertamente, en voz alta? Creo que esto es lo único que Rosa necesita para ser feliz con plenitud: que la aceptes tal cual.

CARMEN   (*La emoción le embarga la voz.*) ¿Tú lo sabías?

GABRIELA   ¿Lo de su homosexualidad? Hace como veinte años.

CARMEN   (*Enjugándose los ojos.*) ¿Por qué no me hablaste de ello?

GABRIELA   Porque tú no querías hablar de ello, ni con tu hija ni con nadie. (*Pausa.*) Rosa sueña con el día en que dejes de esconderte a ti misma la otra parte de ella, la de una mujer que ama a otra mujer. (*Pausa.*) Es el momento de dejar atrás tus prejuicios. Hay que irse bien ligeritos de peso en este viaje.

         (*Se oye música.* JAIME *ha puesto* The Ballad of Lucy Jordan, *de Marianne Faithfull y la tararea durante unos segundos, hasta que* CHEMA *lo interrumpe, pidiéndole que cierre el pico. La canción sigue sonando de fondo.*)

CARMEN   (*Reprimiendo un sollozo.*) No he sido buena madre. Espero que sepa perdonarme.

GABRIELA   Claro que sí, tonta. Anda, ve a tu cuarto y deja salir ese amor que tenías prisionero. Entretanto, paso a limpio los adioses.

CARMEN   Espera. Acabo de recordar las pastillas.

GABRIELA   Ya las he guardado, en el bolsillo interior de tu Louis Vuitton.

CARMEN   Podías haberme avisado para que te ayudara a cogerlas. ¿Y si te hubieses caído de la silla?

GABRIELA   ¿Silla? ¿De qué pastillas me hablas?

CARMEN   (*Señalando un mueble alto de la cocina.*) Cuáles van a ser. La caja con los medicamentos para rellenar los pastilleros.

GABRIELA   Yo hablo de los somníferos.

CARMEN   Pues claro, los somníferos, el cenit de nuestro plan.

GABRIELA   Solo unas mujeres tienen el talento de improvisar una salida tan inaudita en una situación límite.

CARMEN   Unas mujeres como nosotras.

GABRIELA   Dos heroínas que asumen que su única vía de escape es saltar al vacío, como Thelma y Louise.

CARMEN   Lo nuestro no será tan espectacular.

GABRIELA   No, pero será igualmente hermoso. Brindaremos con un champán cargado de somníferos, y mirando al mar.

CARMEN   Mirando al mar… A solas junto a nuestros maridos nos rendiremos al sueño eterno escuchando el rumor de las olas.

GABRIELA   Y lo último que verán nuestras retinas será la luz crepuscular de un sol que se marcha tras el horizonte.

CARMEN   Mirando al mar, bajo un cielo que va perdiendo su color… En un descapotable como el de la Sarandon…

GABRIELA   Lo que desees, será nuestro último capricho.

CARMEN   Cómo agradezco que hayas estado acopiando zolpidem como una hormiguita. Cuántas noches no habrás pasado en vela por no tomártelas.

GABRIELA   Pastillas que iban a parar a la bolsita que escondía bajo del colchón, por si en algún momento alguno de nosotros pudiera necesitarlas para desaparecer. O para mí, en el caso de que, por designios de la vida, me quedara sin vosotros. Seguir aquí sola no tendría sentido para mí.

CARMEN   Me asombra lo bien guardado que lo tenías.

GABRIELA   Mi plan B. Y ayer, con Serafín ahí tendido, te sentí preparada para revelártelo.

CARMEN   Cierto, amiga mía, en otro momento, te habría salido con que el suicidio es un pecado capital y te habría tirado las pastillas por el váter. Y ahora no tendríamos plan.

GABRIELA   La necesidad hace maestros, dicen. (*Alzando el vaso vacío.*) Por Thelma y Louise, una salida a esta parodia de la vida.

CARMEN   ¡Ante los acantilados que hermosean el mar alicantino!

(*Ambas ríen y chocan en alto los vasos vacíos.*)

GABRIELA   Vamos allá: hagamos del plan una obra maestra. Nada de dejar cabos sueltos.

(*Se levantan. Acaba la música. Aparece* CHEMA *furibundo y se detiene en la puerta de* JAIME.)

CHEMA   ¡Esto es un manicomio! ¿Quién coño pone música a estas horas?

CARMEN   (De buen humor.) Tú mismo muchas veces, cariño. No te hagas mala sangre. (CHEMA *ve las maletas junto a la entrada y se queda contemplándolas, tratando de descifrar qué hacen ahí. A* CHEMA, *al ver que se dispone a abrir una de las maletas.*) No toques nada, puñeta, con lo que costó cerrarla.

CHEMA   ¡Pero yo quiero mi boleto!

CARMEN   (*Apartándolo de la maleta.*) ¡No hay boleto! (GABRIELA *arrastra una silla hasta el armario de los medicamentos. Intenta subirse a la silla, con mucha dificultad. Pierde el equilibrio y se tambalea. Lanza un pequeño grito, que hace aparecer a* Jaime. Carmen *se apresura en su auxilio para evitar que se dé un porrazo.*) ¡Dios santo! (*Tomando a* Gabriela *por la cintura.*) ¡Por poco te partes en dos!

Gabriela   Diantre, ¡hasta las sillas se me resisten!

(*Se sienta en la silla y respira hondo para espantar el susto.*)

Jaime   Rosa, que se empeña en que no podemos tener escaleras. ¡Ni que fuéramos discapacitados!

Chema   Un día de estos salimos en *El Caso*: «Vieja pelleja fallece al caerse de una silla tras prohibírsele subir a una escalera».

(*A* Carmen *de repente se le ilumina el rostro.*)

Carmen   Matarse en las escaleras. ¡Pues claro! ¡Sé cómo librarnos de Serafín!

Todos   ¿Librarnos de Serafín?

Carmen   ¡Simularemos que ha rodado por las escaleras del edificio y se ha roto la crisma! Solo tenemos que sacarlo al rellano, arrastrarlo unos metros y dejarlo tendido en las escaleras, como si hubiera sufrido un accidente mientras limpiaba.

GABRIELA   ¡Mientras enceraba el pasamanos, por ejemplo!

JAIME   Convincente, ese dando cera era imbatible.

CHEMA   ¡Y recibiendo!

CARMEN   ¡Deshagamos las maletas! (*Va hasta su bolsa de viaje de Louis Vuitton, le tiende la bolsita con los somníferos a* GABRIELA *y le guiña un ojo con una amplia sonrisa.*) ¡Para más adelante, querida amiga!

Telón.

Acto tercero
Escena primera

> *La escena está oscura. Un foco ilumina el reloj, cuyas manecillas se mueven hasta detenerse en las ocho y media de la mañana. En la pizarra se sigue leyendo: «Hoy miércoles: asesinato de SE-RAFÍN. Mañana jueves: deshacerse del cadáver». La tenue luz de la estancia se entremezcla con el resplandor anaranjado del amanecer, que se va intensificando hasta iluminar por completo el escenario. Se respira tranquilidad, rota únicamente por el tictac del reloj. El cuerpo de SE-RAFÍN y las maletas han desaparecido. Suena la sirena de una ambulancia, que va en aumento. Transcurridos unos segundos, la sirena calla de sopetón, y los destellos azulados provenientes de los rotativos del vehículo van y vienen sobre las paredes del escenario. CARMEN hace acto de presencia por la puerta primera, con sus rulos y en su bata carmesí. Camina estirada, con las dos manos puestas en la zona lumbar, como queriendo aliviar el dolor. Casi a la par, GABRIELA asoma la cabeza por la puerta segunda.*

CARMEN   ¡Ya están aquí! ¡Empieza la función!

GABRIELA   (*Saliendo, en pijama.*) Menos bromas, esto no es la pista de un circo.

CARMEN   ¿Acaso me ves cara de bufona?

GABRIELA   Ya no sé qué veo. Estoy más nerviosa que Pi-
            nocho en una hoguera de San Juan. No he po-
            dido pegar ojo.

CARMEN   Yo tampoco. Me duele todo como si hubiera
            arrastrado un armario de tres puertas.

            (*Se escuchan voces y ruidos.* CARMEN *va hasta
            la puerta principal y pega la oreja en la puerta.*)

GABRIELA   Por un instante pensé que nunca llegaríamos
            con él a la escalera.

CARMEN   (*Mirando por la mirilla.*) Chema y Jaime se por-
            taron como unos sansones, aunque ahora es-
            tén hechos papilla en la cama.

            (*Suena el telefonillo, y* CARMEN *se sobresalta.*)

GABRIELA   Ay, Dios, ¿quién será?

CARMEN   (*Descuelga.*) ¿Sí?... ¡Yisel, buenos días!... Por
            supuesto que hemos oído la ambulancia… ¿Se-
            rafín?... Pobre hombre... Haga lo que tenga que
            hacer. No se apure por nosotros.

            (*Cuelga el telefonillo y se apoya en la pared.*)

GABRIELA   ¿A qué esperas? ¡Di algo!

CARMEN   Nada, que justamente ha sido nuestra Yisel la que se ha tropezado con Serafín al subir, ¿te lo puedes creer?

GABRIELA   Ay, me falta el aire…

CARMEN   Serénate, Serafín se ha desnucado en las escaleras. Un accidente. De lo más normal y corriente.

GABRIELA   (*Para sí.*) De lo más normal y corriente.

CARMEN   ¿Quieres calmarte? Estamos a un paso de recomponer nuestras vidas. (GABRIELA *se sienta en el sofá y hace respiraciones profundas.* CARMEN *pega de nuevo el ojo en la mirilla.*) Hay que jorobarse, desde aquí no se ve un pijo. (*Sobresaltándose ligeramente.*) ¡Uh! Dos hombres de amarillo acaban de cruzar el rellano. Juraría que son los del SAMUR.

GABRIELA   ¡Ay qué pasará cuando vean que está muerto! No sé si este plan…

    (*Trata de controlar la respiración.*)

CARMEN   Un plan mejor que nuestro Thelma y Louise. Que, por suerte, hemos podido posponer, «sine die».

GABRIELA   (*Respirando con dificultad.*) Es lo bueno de la muerte: siempre está a mano.

CARMEN   (*Vuelve a mirar por la mirilla.*) ¡Uh, Antonia está en la puerta! (*Abre la puerta antes de que AN-TONIA llame al timbre.*) ¡Buenos días, Antonia! He oído ruidos fuera y…

          (*Entra ANTONIA, con su bolsa de la compra sin fijarse en lo que hay escrito en la pizarra.*)

ANTONIA   ¡Carmen, Gabi! Ya están levantadas. Es normal, quién puede dormir con la romería que se ha montado ahí fuera. (*CARMEN trata de asomarse por la puerta.*) Es mejor que no salga, Carmen. Venga, cierre la puerta. (*Cerrándola.*) Ha ocurrido una desgracia horrible.

CARMEN   (*Haciéndose la sorprendida.*) ¿Una desgracia?

GABRIELA (*Igual.*) ¿Horrible?

ANTONIA   Ay, sí, Serafín…

CARMEN   Calle, mujer, no me lo puedo creer…

GABRIELA Carmen, por Dios, deja antes que Antonia nos cuente qué ha pasado.

ANTONIA   Resulta que Serafín no está en Atienza como creían ustedes. Ha sufrido un percance en esta misma planta. Yo salía del portal cuando ha llegado la ambulancia. ¡Jesús, casi me desmayo de la impresión! (*Sale de su cuarto CHEMA, en albornoz y masajeándose las lumbares, y se las queda mirando.*) Buenos días, Chema.

CHEMA   ¡Dirá días de mierda! Le presto un rato mi cuerpo y luego me comenta.

(Hace mutis por la derecha.)

ANTONIA Hoy parece que Chema se ha tragado un alacrán. *(Se percata de que* GABRIELA *está en medio de una crisis.)* ¿Gabi, está bien?

GABRIELA Tan solo me he despertado con una pizca de ansiedad. *(Respirando más tranquila.)* Ya se me está pasando. ¿Decía usted sobre Serafín…?

ANTONIA Justo ahora mismo dos enfermeros se disponían a moverlo a la camilla. No es una escena agradable de presenciar. Por eso Yisel me ha pedido el favor de que venga para decirles que no salgan. Sobre todo, Jaime, a quien cualquier uniforme le produce urticaria. *(A* CARMEN.*)* Si no les supone ningún inconveniente, salgo un momentito a la escalera por si puedo ser de ayuda.

CARMEN   Por favor, y no dude en volver si hay novedades.

ANTONIA Cuente con ello… ¡Qué nervios!

*(*ANTONIA *sale y* CARMEN *se apresura para asomarse por uno de los balcones.)*

CARMEN   Mira, ahí sigue la ambulancia. ¿Por qué tarda tanto en marcharse?

GABRIELA   Con los muertos no hay prisa alguna.

CARMEN   ¡Han puesto las luces de emergencia! ¡Se van, por fin!

GABRIELA   Es un alivio.

CARMEN   Todo pasó.

GABRIELA   Cuesta creerlo.

CARMEN   (*Se sienta en el sofá.*) Hemos cometido el crimen perfecto. Que Dios nos pille confesados.

GABRIELA   No vendamos la piel del oso antes de cazarlo.

CARMEN   Venga, mujer, siempre tan derrotista. Sonríe un poquito, ni siquiera ha tenido que venir la policía.

(GABRIELA, *fatigada, apoya la cabeza en su hombro. Sale* JAIME *de su dormitorio, en pijama y con su bastón, y escruta con la mirada la situación. Estira la espalda y gruñe de dolor.*)

JAIME   ¡Manda huevos, vaya trajín que hay en la escalera! Seguro que los de Amazon la están liando parda con otro vecino. A propósito de Amazon, ¿dónde está... ese como se llame?

CARMEN   Chema está en la ducha.

(JAIME *hace mutis por la derecha. Suena el timbre de la puerta. Abre* CARMEN. *Entra de nuevo* ANTONIA.)

ANTONIA   Bueno, la ambulancia ya se ha ido. Espero y deseo que Serafín…

GABRIELA   (*La interrumpe para lamentarse.*) ¡Ay, qué sentido tiene venir a este mundo para luego abandonarlo de aquella manera, tan joven, rodando escaleras abajo!

CARMEN   Que Dios lo guarde en su gloria. (*Persignándose.*) Descanse en paz.

ANTONIA   ¿Serafín muerto? Gracias a Dios sigue entre nosotros.

CARMEN   ¡Jesús! ¿Vivo?

ANTONIA   Perdónenme si por la excitación del momento les pude transmitir un mensaje equivocado. Sí es verdad que la primera impresión fue que el desdichado hombre había fallecido. ¡Estaba tan quieto y pálido!

GABRIELA   ¿Vivito y coleando dice?

ANTONIA   Uy, no, Gabi. Lo que se dice colear, no colea. Cuando se lo han llevado aún estaba inconsciente.

CARMEN   ¿Pero muy inconsciente o inconsciente pichí, pachá?

ANTONIA   No se lo puedo precisar, desconozco la terminología médica. Quizá luego podamos preguntarle al doctor Ramos. A propósito de vecinos, Yisel me ha pedido que suba un momento a avisar al presidente de la comunidad mientras ella espera en el portal a que llegue... (*Se interrumpe al ver entrar a* JAIME, *malhumorado.*) Buenos días, Jaime.

JAIME   ¿Otra vez esta señora? ¡Qué martirio!

CARMEN   (*A* ANTONIA.) ¿Está pues en coma?

JAIME   ¡No está en cama, está en la ducha! El cabrito no me deja entrar al baño. ¿No habíamos quedado en que no hay que echar el pestillo? ¡Es indignante!

ANTONIA   (*A* CARMEN.) No tengo más información. Sí sé que el nuevo inquilino del tercero, un tal Rodrigo, ¿saben de quién hablo?, está tratando de dar con el paradero de Laura, para informarla del accidente, pero no hay manera de localizarla.

JAIME   ¿Un accidente?

GABRIELA   (*Fingiendo.*) Serafín. Al parecer se ha dado un trompazo limpiando las escaleras.

ANTONIA   No, no, no ha sido limpiando las escaleras.

CARMEN   Claro que sí, fregando el suelo.

GABRIELA   O encerando el pasamanos.

ANTONIA   Precisamente se sabe con certeza que no se cayó, al menos, sacando brillo al edificio.

CARMEN   ¿Quién lo afirma? ¿Cómo pueden estar tan seguros?

ANTONIA   Porque en la escalera no hay nada que indique que estuviera realizando tareas de limpieza.

JAIME   ¡Viejos chochos! ¡Mira que olvidarse de la gamuza y la cera Alex!

CARMEN   Ya vale, Jaime. Estás más guapo callado.

ANTONIA   (*A* JAIME, *sonriente.*) Diga que sí, Jaime. Serafín tiene alergia a las gamuzas. (*A las dos mujeres.*) Pues esto es todo por mi parte. Habrá que esperar a lo que diga la policía.

CARMEN
/JAIME   (*Al borde del infarto.*) ¿La policía?

GABRIELA   (*Para sí.*) Esto no está ocurriendo…

CARMEN   ¿A santo de qué?

ANTONIA   No sé muy bien. Al parecer a los del SAMUR les llamó la atención que...

JAIME   (*La interrumpe.*) ¡La policía! ¡Lo sabía! ¡Estoy demasiado viejo para este grado de atosigamiento!

          (*Propina golpes breves pero intensos contra el suelo con el bastón.*)

CARMEN   ¡Jaime! ¡Silencio! (*Con tal vehemencia que* JAIME *se queda inmóvil. A* ANTONIA.) ¿Y que... qué?

ANTONIA   Algo relacionado con el golpe de la cabeza y la postura de Serafín. No pude escuchar más. Pero, por favor, Gabi, ¡relájese! ¡Respire, respire!

          (*Va hacia ella, pero* CARMEN *se interpone.*)

CARMEN   Ya me ocupo yo. ¿No tenía que hacer no sé qué con el presidente?

ANTONIA   ¡Uh, sí, casi se me pasa! ¡Qué nervios!

          (*Sale.*)

JAIME   ¡Hemos de salir todos de aquí cagando leches! (*Saliendo por la derecha, a voz en grito.*) ¡Eh, tú, tenemos a los sabuesos olisqueándonos el culo, hay que reactivar el plan ese de las dos lunáticas!

GABRIELA ¡Madre mía! ¡Serafín está vivo!

CARMEN ¡Maldita sea, Chema pegó en su pecho la oreja sin audífono!

GABRIELA ¿Qué será de nosotros cuando Serafín cuente a la policía que le hemos apaleado por una tostadora? ¡Adiós a nuestra promesa de Cornualles!

CARMEN Tranquilicémonos.

GABRIELA ¿Por qué diantre habremos deshecho las maletas? ¡Rápido, cojamos lo imprescindible y corramos!

CARMEN ¿Has perdido el juicio? ¿Con Yisel aquí? El mucho correr trae poco andar. Cuando Yisel se vaya después de comer, ponemos de nuevo en marcha el plan.

GABRIELA ¡Pero será tarde! En cuanto Serafín abra los ojos, cantará de plano. Quizá ya lo hayan reanimado en la ambulancia y esté contando cómo acabó tirado como un perro sarnoso en la escalera.

CARMEN Pero está en coma.

GABRIELA Eso no lo sabemos.

CARMEN Solo sé que nadie está inconsciente tanto tiempo. Seguro que está en coma y eso nos da cierto margen de maniobra. Con suerte, despertará en días o semanas.

GABRIELA   En coma o no, nuestro crimen perfecto se fue
al traste.

(*El sonido de una sirena va en aumento.* CARMEN
*se asoma por uno de los balcones. La sirena deja
de escucharse en el momento en que unos deste-
llos azulados provenientes del exterior se refle-
jan en las paredes de la vivienda.*)

CARMEN   (*Mirando al patio de butacas.*) ¡La policía! (*Pausa.*) Dos agentes. Un hombre y una mujer. (*Pausa.*) Acaban de entrar en el portal. (GABRIELA
solloza en silencio.) Cariño, no sufras, te lo rue-
go. Puede que Serafín nos denuncie, pero eso
lleva su trámite. Para cuando vengan a espo-
sarnos estaremos bien lejos de aquí.

GABRIELA   Más nos vale que tengas razón.

(*Suena el timbre de la puerta, y las dos mujeres
se sobrecogen. El timbre insiste dos veces más, y*
JAIME *entra por la derecha.*)

JAIME   (*En alerta.*) ¿Quién llama?

CARMEN   (*Va hacia la puerta. Susurra.*) Chist, Jaime, ¡puede ser la policía!

JAIME   (*Montado en cólera.*) ¿La policía? ¡Largo, aquí
solo vive gente inocente!

(*Aparece por la derecha* CHEMA, *en camiseta interior de tirantes y calzoncillos.*)

ANTONIA   (*Voz en off.*) ¿Jaime? ¿Está ahí? Soy yo, su vecina Antonia.

GABRIELA   ¡Jesús! ¡Antonia!

            (CARMEN *abre la puerta y* ANTONIA *entra.*)

CARMEN   Gracias a Dios que es usted. ¡Menudo susto nos ha dado esta vez!

JAIME   ¿Esta vez? ¡Siempre asusta!

CHEMA   ¿Ajusta? ¿A quién hay que ajustar?

            (*Mira a* ANTONIA.)

CARMEN   (*A* CHEMA.) A ti. Ven, que te sintonizo las orejas.

            (CARMEN *saca los audífonos de un bolsillo y se los coloca a* CHEMA, *que refunfuña algo entre dientes.*)

ANTONIA   No se sulfure, Jaime. Solo los delincuentes han de temer a la policía.

CHEMA   ¿La policía?

JAIME   (*Poniendo una mano en el hombro de* CHEMA.) A ver si nos centramos. Amigo mío, ¿no sientes la presión de la pasma en tus carnes?

CHEMA   La hostia.

ANTONIA   Ay, Jaime, cuánta razón tiene. Causa mucha impresión tener a la policía en el edificio. Estas cosas las ves por la tele y nunca crees que te van a tocar a ti.

CHEMA   Pues a mí sí me toca: pronto seré rico. ¿Por cierto, dónde está...?

CARMEN   Vamos, Chema, ¿qué tal si vas a tu cuarto y te pones algo encima? ¡Tenemos visita y vas en calzoncillos!

CHEMA   (*Mirando a* ANTONIA.) ¡Si quieres me los quito! (*Yendo a la cocina.*) ¡Tengo más hambre que Pantagruel haciendo el Ramadán!

JAIME   (*A* CHEMA.) ¿Nos hacemos unas tostadas?

CARMEN   ¡Ni se os ocurra tocar la tostadora!

    (*Sigue a* CHEMA.)

GABRIELA   ¿Se da cuenta, Antonia, de cómo está el patio? El incidente de Serafín los ha descolocado.

ANTONIA   La comprendo. A nuestra edad ya no estamos para abrir telediarios. Estoy temblando como una luna en el agua.

JAIME   (*Deja apoyado el bastón en la pared y alarga los brazos con la intención de descolgar el reloj.*) ¡Paremos el tiempo antes de que sea tarde! ¡Antes de la última hora!

CARMEN	¡Jesús, Jaime! ¡Ni se te ocurra tocar el reloj! ¡Ven aquí ahora mismo!

(ANTONIA *toma del brazo a* JAIME *para conducirlo hasta su sitio en la mesa.*)

JAIME	¿Qué hace? ¡Que corra el aire! ¡Usted no es Yisel!
ANTONIA	Tranquilo, Jaime, Yisel no tardará en subir. Como ella ha sido la que ha encontrado a Serafín, está hablando con los policías.
CARMEN	Querrá decir que están interrogándola.
GABRIELA	¿Interrogándola sobre nosotros?
ANTONIA	¿Ustedes? No, mujer. Le estarán preguntando en calidad de testigo.
CARMEN	¿De testigo de asesinato?
ANTONIA	(*Sentando a* JAIME *en su sitio.*) ¿Quién ha hablado de asesinato?
CHEMA	Mi mujer, que habla más que las palabras.
ANTONIA	Ahora que lo menciona, Carmen… Mmm. Un asesinato… ¡Pues claro!
CARMEN	¿Pues claro?
ANTONIA	Sí, lo ha dicho usted.

CARMEN   ¿Yo?

ANTONIA   Y cuadra perfectamente.

CARMEN
/GABRIELA   ¿Cuadra perfectamente?

JAIME   Todo encaja como una brillante sinfonía.

ANTONIA   Refirámonos a lo acontecido como intento de
             asesinato, dado que Serafín sigue vivo…

CHEMA   La hostia. ¿Vivo?

JAIME   Ese Serafín es como las garrapatas, las aplas-
             tas una y otra vez y nunca mueren. Hay que
             prenderles fuego.

ANTONIA   Qué cosas tiene, Jaime. (*A* GABRIELA y CARMEN.)
             No cabe duda de que estamos ante una tenta-
             tiva de asesinato.

GABRIELA   Sigo pensando que ha sido un accidente, caer-
             se por las escaleras es de lo más corriente.

CARMEN   ¡Y tanto, a nosotros nos las han prohibido! Qui-
             zá rodó escaleras abajo a causa de un infarto.
             O de un ictus, que está muy de moda.

ANTONIA   No, queridas vecinas, piénsenlo, si se tratara
             de un simple accidente, la policía no estaría
             aquí husmeando. ¡Y no hay que ser muy lis-
             tos para adivinar quién fue su ejecutor!

JAIME   (*Poniéndose en pie.*) Damas y caballeros, aquí huele a tragedia. Yo me largo a hacer la maleta.

CHEMA   (*Igual.*) Llegó la hora de abandonar el barco, como ratas astutas. (*Le susurra a* JAIME.) Hago la mía, y en media hora nos vemos en tu habitación.

CARMEN   ¡Alto ahí! De aquí no se mueve ni el Tato. ¡Desayunad y no lieis más la madeja! ¡Me quitáis la energía! (*Ambos asienten, obedientes, al ver que* CARMEN *les sirve el pan recién tostado. Afable.*) Prosiga, Antonia, no se deje cohibir por estos dos Chiripitiflaúticos.

GABRIELA   ¿Quién dice que es el autor?

ANTONIA   En estos casos, el criminal suele ser un familiar o un allegado.

GABRIELA   ¿Y?

ANTONIA   ¿Saben ustedes que Laura sigue desaparecida?

GABRIELA   Eso no significa nada.

ANTONIA   ¿Y si Laura ha huido tras creer haber asesinado a su esposo?

JAIME   ¿Nuestra Laura?

CHEMA   (*Encogiéndose de hombros, da un mordisco a la tostada.*) No sé quién es esa.

CARMEN   ¡Jesús! ¡No! Laura es una chica de carácter apacible.

ANTONIA   No lo dudo, pero puede que ella descubriera la infidelidad de Serafín, que los dos se enzarzaran en una discusión y, en medio de la bronca, ella lo empujara y él rodara escaleras abajo.

JAIME   ¡Yo antes de empujarlo lo habría linchado a palos, hasta dejarlo sin respiración!

ANTONIA   (*Con una pizca de espanto.*) ¿Lincharlo a palos? Por Dios. (*Ignorando a los hombres y volviendo al asunto.*) Sin duda, Laura está detrás de todo esto. ¿No creen que debería compartir mi corazonada con la policía?

    (CARMEN *siente un mareo y se agarra a la encimera.*)

GABRIELA   Querida Antonia, dejemos que la investigación siga su curso sin añadir más leña al fuego. Seguro que la policía acabará dando con los responsables.

ANTONIA   ¿Responsables? ¿Por qué piensa usted que puede tratarse de más de una persona? (GABRIELA *no contesta al percatarse de su desliz. Suena el timbre de la puerta, que da por finiquitada la conversación. No obstante, el sonido provoca que todos, salvo* ANTONIA, *se sobrecojan. En una reacción rápida,* CARMEN *hace un gesto a los hombres*

*para que permanezcan quietos y callados. Al ver
que ninguno reacciona.*) ¿Abro?

CHEMA   ¡No! Ayer mismamente un tipo intentó timar-
nos con una tostadora.

(*El timbre insiste una vez más.*)

VOZ   (*En off.*) Buenos días. Somos la policía.

JAIME   (*Se levanta de un golpe, con una agilidad en él
nunca vista. A* ANTONIA, *empuñando el cuchillo
de untar la mantequilla.*) ¡Como abra, le corto la mano!

Oscuro.

Escena segunda

> *No ha pasado ni un minuto. Vuelve a sonar el tim-*
> *bre, acompañado con golpes de nudillos en la*
> *puerta.* Jaime *y* Chema *están ahora de pie jun-*
> *to a la mesa de la cocina forcejeando. El prime-*
> *ro trata de entregarle el bastón al segundo, que*
> *se niega a cogerlo.* Antonia *los contempla con*
> *asombro, mientras que* Carmen *y* Gabriela *in-*
> *tentan separarlos.*

Jaime ¡Solo te pido que me sostengas el bastón un segundo, coño!

Chema (*Con furia evita que el bastón lo roce.*) ¡Apárta-
lo de mí! ¡Sé lo que pretendes, majadero! ¡No
pienso dejar mis huellas en él!

Voz Masculina (*En off.*) ¡Abran, por favor!

Jaime ¡Tú cógelo, malpensado!

(Antonia *abre la puerta. Atiende a dos agentes*
de policía, cuyas figuras no quedan visibles al pú-
blico.)

Antonia Buenos días, agentes.

Voz Femenina (*En off.*) Buenos días, ¿todo bien por aquí?

Antonia Sí, agentes, aunque algo alterados. Se nos ha contagiado el jaleo que hay en la escalera.

Voz Masc. (*En off.*) Precisamente, la escalera nos ha traído hasta ustedes.

(Carmen y Gabriela *se acercan a la puerta. Las siguen por detrás* Chema y Jaime.)

Chema (*Con voz rota, a* Jaime.) ¡Nos han trincado!

Jaime ¡Me cago en la madre que nos parió!

Carmen ¡Jaime, Chema! ¿Os podéis callar un momento?

Voz Masc. (*En off.*) Cálmense, caballeros. Solo queremos que nos respondan a unas preguntas sencillas sobre…

Jaime (*Con gravedad.*) Agentes, se lo voy a poner muy fácil: la culpa de todo es mía.

Chema Gracias, amigo, por encubrirme. Sabía que no me fallarías. (*Rodeando con el brazo el hombro de* Jaime. *A los agentes.*) Pero no le crean: yo soy el culpable.

Voz Fem. (*En off.*) Caballeros, son ustedes muy amables, pero dejemos para más tarde el asunto del que se consideran responsables. Ahora…

JAIME   Ahora me van a escuchar: yo lo maté a garrotazos, lo descuarticé, metí los trozos en bolsas de basura y los arrojé al mar.

CARMEN   ¡Virgen Santísima!

CHEMA   ¿Al mar? ¡Estás bien jodido de la memoria! (*A los agentes.*) Agentes, yo lo emparedé.

GABRIELA   ¡Basta ya! (*A los agentes.*) Entiendan su situación, a nuestros maridos se les ha metido entre ceja y ceja que se ha cometido un asesinato en el edificio…

VOZ FEM.   (*En off.*) Por fortuna, no. Su conserje está fuera de peligro. Nos acaban de comunicar que, según él, fue golpeado, pero no recuerda a su agresor ni por qué ha aparecido tendido en la escalera.

CARMEN   ¿Significa esto que Serafín está despierto y puede hablar?

ANTONIA   (*Abriéndose paso entre los Menéndez y los García, afable.*) Disculpen, agentes, si me entrometo. Antonia es mi nombre, soy la vecina del séptimo B. Yo sí creo que puedo ayudarlos. No es por malmeter, pero por aquí se cuenta que su esposa Laura podría estar implicada.

VOZ MASC.   (*En off.*) Ella está fuera de toda sospecha.

ANTONIA   Pero está desaparecida...

Voz Fem.   (*En off.*) Oh, no, está ingresada desde ayer por la mañana en el hospital.

Voz Masc.   (*En off.*) Por un aborto.

Carmen
/Gabriela   ¿Un aborto?

Voz Fem.   (*En off.*) Debido a la paliza que le propinó presuntamente su esposo. Una enfermera se puso en contacto con nosotros para denunciar la agresión.

Jaime   (*Con indignación.*) Ese malnacido no da presuntas palizas, las da ¡y cómo las da!

Carmen   Si les sirve de algo, yo la vi salir de casa ayer, a primera hora, con una maleta y un ojo morado, y meterse en un Uber…

Antonia   ¿Ah sí…? Vaya…

Voz Fem.   (*En off.*) Así es, se dirigía a la terminal de autobuses. Pero el conductor tuvo que dar un volantazo y llevarla al hospital porque ella empezó a sentirse muy mal. (*Pausa.*) Estaba de tres meses. Ahora ella está estable, pronto le darán el alta.

Gabriela   Pobre mujer. Qué miedo me da ese hombre. Ya no volveré a vivir tranquila en esta casa.

Voz Masc. (*En off.*) No debe temer nada, señora: su conserje ya no volverá por aquí. Le van a caer unos cuantos años de prisión.

Voz Fem. (*En off.*) Entre ustedes y nosotros, además de maltratador, es un traficante de drogas. Sospechamos que el golpe que sufrió se lo propinó alguno de sus compinches, quizá por un ajuste de cuentas. Por eso calla.

Gabriela ¡Serafín, un traficante!

Antonia ¿Drogas en el edificio?

Carmen Las drogas solo traen sufrimiento. (*Mirando a los demás con el rostro iluminado.*) Caso resuelto, ¿verdad, agentes?

Voz Masc. (*En off.*) No les podemos revelar más. Solo queríamos saber si han visto u oído algo fuera de lo normal dado que Serafín ha sido hallado muy cerca de su puerta.

Carmen No hemos escuchado nada.

Gabriela Ni visto nada.

Chema Yo sí que he escuchado ruidos.

Jaime ¿Tú? ¡Si oyes por la bragueta!

Chema ¿Cómo que no? ¿Y el jaleo que montó el canalla ese que nos robó la tostadora?

| Voz Fem. | (*En off. Con ternura.*) No discutan entre ustedes, que no es bueno para el corazón. (*A todos.*) Muchas gracias por su colaboración. Que pasen un buen día. |

(*Los agentes se marchan.* Carmen *y* Gabriela *resoplan aliviadas.* Jaime *y* Chema *vuelven a la cocina para terminar de desayunar.*)

| Carmen | Ya acabó todo. |

| Jaime | Un alivio, aunque no sé de qué ni por qué. |

| Gabriela | Qué extraña sensación tengo en el cuerpo. He estado a punto de desmayarme. |

| Antonia | A mí me ha dejado mal sabor de boca, por malpensada. ¡Pobre Laura! |

(Gabriela *cierra la puerta y suena el telefonillo. Lo coge.*)

| Gabriela | ¡Yisel! ¿Todo bien?... Sí, los agentes ya bajaron. ¿Cómo?... ¿Qué me está contando? ¿Más policías?... ¡Qué barbaridad!... No me lo puedo creer... Sí, claro. No tenga prisa por subir. (*Cuelga. A los demás.*) ¡Serafín ha estado colando droga en los cubos de basura para luego ocultarla en el sótano! Yisel estaba en el portal con la policía cuando el presidente ha aparecido con una carta de Laura que saca a la luz las fechorías de Serafín. |

CARMEN   Su seguro de vida. Ella de algún modo le dejó la carta al presidente antes de huir...

GABRIELA   Claro, para que Serafín fuera detenido y no pudiera perseguirla.

ANTONIA   ¡Qué cascada de acontecimientos más extraordinaria!

GABRIELA   Nada sucede por casualidad, el universo tiene su propio plan secreto.

ANTONIA   Bueno, yo los dejo con sus cosas; me voy a dar una vuelta por el edificio, a ver si me entero de algo más. ¡Nuestros trasteros, un escondrijo de drogas! ¡Qué nervios!

            (*Sale.*)

CARMEN   (*Alegre.*) Colorín colorado esta pesadilla se ha acabado.

JAIME   (*Untándose una tostada.*) Amigo, anoche soñé que nosotros cuatro matábamos a un ladrón de electrodomésticos.

CHEMA   (*Con la boca llena.*) ¿Sueño? ¡Si fue puramente real!

GABRIELA   (*Ríe con ganas.*) Y qué es la realidad, nada más que un sueño.

JAIME   (*Alzando la taza de café en ademán de brindar.*)
El sueño de una noche de verano.

(GABRIELA *reparte la medicación y coloca a los
hombres las servilletas en el cuello.* CARMEN *va
hasta el mueble y coge el móvil del cargador.*)

CARMEN   Voy a llamar a Rosa. Necesito escuchar su voz.
(*Marcando en el teléfono.*) ¿Qué tal si le digo que
se pase esta noche?

CHEMA   Llama a tu hija, que yo llamaré a la mía. (*Se
toma las pastillas de una vez con el café y se levanta.*) Voy a vestirme.

(CARMEN *toma asiento y deja en manos libres el
teléfono sobre la mesa.*)

ROSA   (*Voz en off.*) ¿Hola? ¿Mamá? Acabo de llegar
al trabajo. ¿Va todo bien por ahí?

CARMEN   Sí, hija, Yisel ya está buena y...

CHEMA   (*Deteniéndose un instante delante del frigorífico para echar un vistazo a su maltrecho boleto.*)
Buenos días, Rosa.

GABRIELA Hola, cariño.

JAIME   Todo en orden. Resultó que el muerto estaba
vivo y que los culpables eran inocentes. La vida,
hija, es una alucinación.

CHEMA   (*Yendo a su cuarto.*) ¿Alucinación? ¡El cabrón del muerto se ha ido al pueblo a por caballo! ¡Menudo camello!

ROSA   (*Voz en off.*) Papá, Jaime, me confundís.

CHEMA   (*Ofendido.*) ¡Hay que joderse! ¡Más claro, agua!

    (*Se mete en su cuarto.* JAIME *se levanta y camina hacia el balcón.*)

CARMEN   Hija, tú céntrate en lo tuyo. Ya te contaremos esta noche. Por esto te llamaba, nos gustaría que vinieras a cenar.

ROSA   (*Voz en off.*) De hecho, pensaba pasarme y comunicaros algo...

    (*Silencio.* GABRIELA *se sienta junto a* CARMEN. *Se miran con extrañeza.*)

CARMEN   Ni se te ocurra darnos una mala noticia, hija.

ROSA   (*Voz en off.*) Todo lo contrario. Iré para ayudaros a hacer las maletas.

JAIME   (*Desde el balcón.*) ¡Hostias! ¿Se reactiva el plan Thelma y Louise?

ROSA   (*Voz en off.*) La semana que viene vuelo a Newquay para quedarme allí unos días. Debo buscar mansiones y acantilados, escenarios para la nueva película. Es una oportunidad única para que vayamos todos juntos. Ya he reservado billetes para los cinco.

CARMEN   ¡Oh, hija! ¡Se me saltan las lágrimas!

ROSA   (*Voz en off.*) Me hace tanta ilusión hacer realidad el viejo sueño de papá. Siempre ha querido regresar a Cornualles. Estoy deseando conocer la razón por la que ese lugar del mapa lo tiene tan embrujado.

GABRIELA   (*Con la voz quebrada.*) ¡Ay, Rosa! No encuentro palabras de agradecimiento. ¡Un último viaje juntos!

CARMEN   Cariño, ¿sería posible que Sandra nos acompañe? ¡La vemos tan poco!

GABRIELA   Nos encantaría. Sería la guinda del pastel.

CARMEN   Estaríamos la familia al completo. (*Silencio.*) ¿Hija, sigues ahí?

ROSA   (*Voz en off.*) Sí, mamá. Es que me he quedado muda de la emoción. Seguro que a Sandra le encantará apuntarse al viaje.

CARMEN   ¿Pues a qué esperas? Cuelga y llámala para que se organice.

Rosa   (*Voz en off.*) Está bien. Nos vemos esta noche. ¡Os quiero!

(*Se corta la comunicación.* Gabriela *y* Carmen *se abrazan. En ese preciso instante, empieza a sonar la canción de Jorge Sepúlveda* Mirando al mar, *que se cuela, proveniente del patio, por la ventana de la cocina.* Chema *sale de su cuarto en calzoncillos. Al ver a las dos mujeres fuertemente abrazadas.*)

Chema   ¿Qué pasa aquí? ¿Dónde está mi hija?

Carmen   (*Se levanta y va hasta él.*) Cariño, tu hija ha organizado un viaje a Cornualles, iremos todos. La semana que viene. ¿No es maravilloso?

Chema   ¿A Cornualles? (*Pausa.*) ¿Qué coño se nos ha perdido en Cornualles? (*Hay un silencio de unos segundos en que* Carmen *se queda mirando a* Chema *llena de amor.*) ¿Qué? ¿Por qué me miras así?

Carmen   Porque te quiero. (*Emocionada, le arranca la servilleta del cuello.*) Te quiero y quiero decírtelo todos los días sin olvidarlo.

(Carmen *lo abraza con fuerza.* Gabriela *va a la pizarra para hacer una anotación y se sorprende de ver lo que hay escrito. Lo borra y escribe:* «Hoy: ser y estar. Mañana: retornar al paraíso». Jaime *sigue asomado al balcón, tarareando la canción y mirando hacia el cielo como si contemplara el vuelo de algún ave, por momentos canta en voz alta fragmentos. La música y la luz se apagan paulatinamente hasta escucharse ya solo el tic-tac del reloj.)*

Telón.

Esta primera edición de *la tostadora* o *un lugar llamado Cornualles*
de Enrique Coperías y Cristina García-Tornel, terminó de imprimirse
en mayo de dos mil veinticuatro,
en Madrid.